JN074182

The 1st step to entrepreneurship

1からの
アントレプレナーシップ

山田幸三
江島由裕　編著　　第2版

発行所：碩学舎
発売元：中央経済社

第2版の刊行にあたって

『1からのアントレプレナーシップ』は、初学者向けにアントレプレナーシップを解説する入門書として2017年4月に出版されました。本書は、その第2版です。

アントレプレナー（企業家）は、主としてイノベーション（革新）の構想と遂行の担い手を指します。

私たちの日常生活に欠かせない製品やサービスには、アントレプレナーの独創的な発想と活動から生み出されたものが数多くあり、イノベーションは、革新的なアイデアや技術が製品やサービス、生産方法になって、それらが社会に受け入れられて実現します。

アントレプレナーシップを発揮し、新しい製品やサービスの開発を通じて新たな価値を生み出すアントレプレナーは、私たちの暮らしに貢献し、現代社会のシンボリックな存在として活躍しています。

伝統産業でも、新たな価値を提供できる新商品の開発は欠かせません。そのためには、伝統に固執した硬直的な経営ではなく、アントレプレナーシップを発揮し、伝統を活かして時代にマッチした新機軸に挑む活動が必要です。

アントレプレナーシップは、スタートアップか既存企業かという企業の新旧や年齢、中小企業か大企業かという企業の規模にかかわらず、イノベーションの実現に欠かせない要素として経済の成長にも影響します。

欧米では、アントレプレナーシップの調査研究や教育が進展し、政策に反映されています。経済協力開発機構（Organization for Economic Cooperation and Development：OECD）や国際経営開発研究所（International Institute for Management Development：IMD）は、アントレプレナーの活発な活動が国の国際的な競争力に影響するという視点で世界的な調査を実施しています。残念なことに、日本の評価は先進諸国の中で低いレベルにあります。

生産年齢人口が急速に減少する日本社会では、現在の主要産業以外の分野でも国際競争力を高める必要があります。IT革命や生成AIの進展に代表される情報技術の急激な進歩によるドラスティックな環境変化の中では、これまでの延長線上にある発想だけでは、新しいビジネスの創造は困難になると言わざるを得ません。

既存の枠組みを超えた発想でリスクを厭わずに挑戦し、新しい価値を社会に提案

するアントレプレナーの活躍が求められているのです。経済成長の先導役を担うユニコーン企業を数多く創出することは、その実現が容易ではなくとも日本経済にとって継続的な課題であり、大学発ベンチャーやソーシャルビジネスでのニューベンチャーを担うアントレプレナーの輩出は今後も重要性を増すでしょう。

　2020年初頭から急速に拡大した新型コロナウイルス感染症（COVID-19）は、社会や経済に大きな混乱を引き起こし、現代社会はCOVID-19の存在とその脅威への対処を求められる「ウィズ・コロナ」の時代に入りました。

　COVID-19のパンデミックは、グローバリゼーションに伴うモビリティ追求の背後にある負の側面、なかでもボーダレス化した経済活動に関わる人々の往来や物の移動、さらにはロジスティクスに潜むリスクを顕在化させました。

　パンデミック終息後も続くウィズ・コロナ社会において、新たな変異株による感染拡大の再来という潜在的なリスクは今後も考慮せざるを得ません。これからのグローバル社会を生きる私たちは、ボーダレス化した経済活動のリスクに対して、COVID-19の経験を通して得た様々な教訓を活かして多様性を維持し、1人ひとりが指示や命令がなくても活動して発展する自律した社会を実現することが求められます。

　日本社会は、阪神・淡路大震災と東日本大震災という歴史的災禍に見舞われましたが、2024年1月1日にはマグニチュード7.6の能登半島地震が発生しました。罹災した地域の経済活動やコミュニティの自律性は大きく傷つき、社会全体に深刻な影響を与えています。1日も早く復興がなされ、人々が日常生活を取り戻すために1人ひとりは何ができるのかを問い続ける社会であってほしいと思います。

　いかにして地域を復興して活性化するかということは、これからも日本社会が継続して取り組むべき主要な課題の1つです。その解決には全国一律の政策によるのではなく、地域の実情や歴史的な経緯を踏まえ、直面する問題に異なる処方箋で対応することが求められるはずです。

　大きな震災への備えが不可欠であり、少子高齢化が一層深刻になっていく日本社会にとって、政府の施策とともに既存の民間企業や新しいビジネス創造に挑むアントレプレナーの自律した活動が欠かせないのは間違いありません。

　地域の復興と経済発展の牽引力として、アントレプレナーシップを発揮しようとする人々が活動しやすく、大きな成果を手にすることのできる社会の構築は、私たちにとって急務の課題です。

　将来の日本社会に向け、構造改革や規制緩和によって持続可能な経済活動を支える制度設計を現代的な視点から見直して施策や制度の充実を図り、アントレプレナーシップに富む個人や企業が、社会的課題の解決のために自由で活発な経済活動を行える社会を目指す必要があるのです。

　『1からのアントレプレナーシップ　第2版』では、初版と同様にアントレプレナーというヒトに焦点を合わせ、アントレプレナーシップのエッセンスを歴史的・社会的背景と関連させて学ぶことができるように、全体の流れや構成、新たに織り込む概念や論点について再度検討しました。

　初版の刊行から7年が経ち、アントレプレナーシップ教育と実践は、以前とは比較にならないほど日本の大学や大学院で普及し、高等専門学校、高等学校、中学校でも重視されるようになっています。

　アントレプレナーシップやアントレプレナーを対象とした講義や演習の科目は急速に増え、学術研究の成果である知的財産を活用したシーズをもとに学生、教員、職員が起業したベンチャービジネスに対して、大学が設立したベンチャー・キャピタルが、投資することは珍しくなくなりました。そうした大学発ベンチャーの使命は、先端領域を切り開いて新しい価値を創造するフロントランナーとして、日本社会の未来に新たな地平を拓くことです。

　大学生や大学院生のみならず、高専生、高校生、中学生、場合によっては小学生を対象としたアントレプレナーシップ教育の入門書、あるいはシニア層の学び直しのためのテキストとして、本書が今後も広く活用され、アントレプレナーを輩出する裾野が広がることを願ってやみません。

　少子高齢化、ボーダレス化という大きな環境変化の中で、アントレプレナーシップの概念と理論的な視点が、将来の日本社会のあり方に汎用性をもつことを知る機会となり、本書を手に取った読者のキャリアを見据えた学びにつながれば、執筆者一同にとって望外の喜びです。

　それでは、改めてアントレプレナーシップの学びを始めましょう。

2024年1月

執筆者を代表して

山田　幸三

序　文

　アントレプレナーシップという言葉は、われわれにとって身近なものになったと言えば言いすぎでしょうか。アップル、マイクロソフトを創業したスティーブ・ジョブズ、ビル・ゲイツといった世界的なアントレプレナーやアメリカのシリコンバレーの話題は言うに及ばず、プロ野球球団のオーナーとなった楽天の三木谷浩史やディー・エヌ・エー（DeNA）の南場智子をはじめ、日本のアントレプレナーのさまざまな活動が注目を浴びるようになりました。マスメディアへの露出も増えて一般に広く知られるようになっただけではなく、インターネットやSNSを通じて、アントレプレナーが自らのビジネスや社会活動に関する情報を発信するのは、日本でも当たり前の現象となっています。

　アントレプレナーシップは「企業家精神」、アントレプレナーは「企業家」と翻訳されるのが一般的ですが、アントレプレナーシップの本来の意味は、企業家の精神だけに関することではありません。時代と社会の変化に対応して、リスクテイキングを厭わず、能動的に新たな試みに取り組んで行動する企業家の活動すべてに関わります。そのため、近年では「企業家活動」と翻訳されるようにもなりました。

　書店へ行ってみると、著名なアントレプレナーの活動をテーマにした書籍、ベンチャー企業の創業者や大企業で働く人々の新しいビジネスへの取り組みなどを取り上げた雑誌は、経営書や経済書の棚で自然と目に入ってきます。アントレプレナーシップのテキストも、理論と実践の両方の視点から次々と刊行されています。

　しかし、そうしたテキストも含め、アントレプレナーシップの書籍は、新しいビジネスを生みだし成長させるのに必要な要件、手段、手法について解説し、いかにして人材を集め、資金を調達して組織を編成し、さまざまな困難を乗り越えてビジネスを成功に導くのかという、アントレプレナーの起業活動に焦点を合わせた内容が主流となっているように思います。新聞や雑誌の広告などでもよく目に付きますが、新たなビジネスを興すという限られたテーマや文脈を念頭に置いて、アントレプレナーシップを「起業家精神」、アントレプレナーを「起業家」などと翻訳するのは、このことをよく表しています。

❧ 序　文

　新しいビジネスを創造することは、日本の産業の主要な課題として重要であるの
は間違いありませんし、徒手空拳から一代でビジネスの創業者として成功したアン
トレプレナーは、現代社会で若い人々の共感を呼ぶシンボリックな存在です。本書
でも、アントレプレナーシップを発揮することで新たなビジネスが誕生し、そのビ
ジネスが発展するプロセスを取り上げています。ただ、アントレプレナーシップそ
れ自体は、本来的にもっと広がりのある概念です。アントレプレナーシップについ
て初めて学ぶ際には、その広がりを感じとり、多様な視点を知ることが大切です。

　歴史的に見ると、アントレプレナーシップは、経済学のヨーゼフ・A・シュン
ペーター、経営学のピーター・F・ドラッカーという20世紀を代表する研究者・思
想家が取り組んだテーマです。

　シュンペーターは、資本主義の歴史において、人口や資本という生産要素の増加
がなくとも、なぜ経済は大きく停滞しなかったのか、また厳しい競争が繰り広げら
れているにもかかわらず、なぜ利潤は消滅しなかったのかを問い、アントレプレ
ナーによる生産要素の新たな結合の仕方にその解を見出しました。その著書『経済
発展の理論』（1926年）では、アントレプレナーは、「新結合の遂行を自らの機能
とし、その遂行にあたって能動的要素となるような経済主体のことである」と述べ
られています。

　アントレプレナーは、新しい生産物（財貨）の創出、新しい生産方法の導入、新
しい販路の開拓、原料あるいは半製品の新しい供給源の獲得、新しい組織の実現と
いった「新結合」を遂行し、それまでの慣行や経緯では予測できない新たな状況を
もたらす創造的破壊によって経済を発展させるという、広い意味でのイノベーショ
ン（革新）の担い手として描かれ、資本主義経済の発展に決定的な役割を果たすと
主張されたのです。

　アントレプレナーシップの研究と教育において、イノベーションという言葉は基
本語彙(ごい)と言っていいでしょう。もともと、「革新」はそれまでの制度、慣習、
方法などを変えて新しくすることを指します。シュンペーターは、イノベーション
を技術革新だけではなく、組織のあり方や経営方法なども含めた既存システムの創
造的破壊の意味で用いています。その意味では、消費者の価値観とその変化に応じ
たリ・インベンションもイノベーションの一部になります。ドラッカーも、アント
レプレナーシップやイノベーションが、先端的なハイテク産業だけに関わると思い
込むことの危うさを指摘しています。

　経済的な発展を生み出すイノベーションの担い手となるアントレプレナーは、決して特別な人間ではありませんし、アントレプレナーシップも先天的な特別の能力がなければ発揮できないというわけではありません。新事業を展開する経営者、技術開発や商品開発のプロジェクトリーダー、何代も続く老舗で変革を試みる後継者、地域の活性化に取り組む公的機関やNPOのリーダー、創業を志す学生など、多くの人々がアントレプレナーシップを発揮しています。

　経営学の巨人と呼ばれるドラッカーは、その著書『イノベーションと企業家精神』（1985年）の冒頭で、「意思決定を行うことのできる人ならば、学ぶことによって、企業家的に行動することも企業家となることもできる。企業家精神とは気質ではなく行動である。しかもその基礎となるのは、勘ではなく、原理であり、方法である」と述べています。原理に基づき、体系的な知識を習得して真摯に取り組めば、アントレプレナーシップの発揮は、だれにとっても不可能なことではないのです。

　ドラッカーは、同書でイノベーションの担い手となる組織として、既存の企業、公的機関、ベンチャーの3つの種類の組織に焦点を合わせ、各々の組織でアントレプレナーシップを発揮するための要件やアントレプレナーの役割を論じています。アントレプレナーシップは、ビジネスに関わる特定の産業や組織だけでなく、経済社会を構成するプレーヤー全体に必要とされているのだとも指摘しています。ハーバード・ビジネス・スクールに代表されるように、ビジネスの実務に関する内容を教えるビジネススクールでの研究に関連した経営理論やテクニカルな分析ツールを重視する立場であっても、ドラッカーの著作が長きにわたって人々に読み継がれ、アントレプレナーシップ概念の広がりを指摘している点を忘れないようにしなければなりません。

　アントレプレナーシップの研究は、世界的にも活発に行われています。最近は、日本でも海外の学会の動向が話題になることが増えましたが、経営学の世界的な学会であるアカデミー・オブ・マネジメント（Academy of Management）では、主要な部門の1つとして、アントレプレナーシップ・ディビジョン（Entrepreneurship Division）が設けられています。

　毎年8月にアメリカやカナダの主要都市で開催されるアカデミー・オブ・マネジメントの年次総会（Annual Meeting）には、世界各国からの研究者、実務家、大学院生など1万人に及ぶ参加者があり、アントレプレナーシップ・ディビジョンの

数多くのセッションで熱心な議論がなされています。

　本書の編著者2人は、アカデミー・オブ・マネジメント年次総会のアントレプレナーシップ・ディビジョンで、マサチューセッツ工科大学（MIT）で博士号を取得し、当時アメリカの大学に在籍して活躍していた気鋭の日本人研究者（故人）とともに、5回の研究報告（Paper Session）をする機会に恵まれました。

　最初に報告した2004年の大会は、ハリケーン・カトリーナ上陸1年前のアメリカ南部ルイジアナ州ニューオーリンズで開催されましたが、本書で章別に取り上げた、コーポレート・アントレプレナー、ファミリー・アントレプレナー、アカデミック・アントレプレナー、ソーシャル・アントレプレナー、エスニック&マイノリティ・アントレプレナーに関するセッションをはじめ、アントレプレナーのタイプ、アントレプレナーシップ教育、ベンチャー戦略、トップマネジメント・チーム、ガバナンスとイノベーション、ベンチャー・キャピタルなど個別の論点まで、アントレプレナーシップに関する多面的でユニークな多くの研究報告がなされていました。それ以降の年次総会でも、この傾向は基本的には変わりません。

　アントレプレナーシップは、このように歴史的、ならびに社会的背景と関連した多様な視点から研究できる広がりのある概念です。フランス領であった歴史を持ち、独特の風情のあるニューオーリンズの美しい街並みとともに、年次総会での報告が多彩なテーマであったことが何よりも強く印象に残っています。

　日本経済は、これまでの成長を支えてきたキャッチアップ型の経済から脱却し、本格的な高度知識基盤型の経済へと変貌を遂げています。日本企業も、国境を越えて事業活動を展開し、新興国の市場開拓と事業範囲や生産規模の拡大を目指すグローバル成長戦略が一層求められるようになっています。グローバルな視点から前向きに思考し、行動することで成果を得られる社会、社会的な問題を新たなビジネスや産業の創造で解決できる社会の構築が求められているのです。こうした課題に取り組むには、アントレプレナーシップに関する国際比較の視点からの議論が必要となるでしょう。

　同時に、阪神・淡路大震災と東日本大震災という歴史的な災禍に見舞われた日本社会では、地方の経済活性化や人口減少対策を進める政策を通じて、いかにして地域社会の活性化を図るのかも主要な課題の1つとなっています。

　先程あげたイノベーション（革新）は、「伝統」という言葉と対をなして使われることもよくあります。地域社会に埋め込まれた歴史的、文化的な要因を基に地域

で活動する地場産業や伝統工芸産業の「伝統」と、現代社会に合わせた変換をするためのアントレプレナーシップとイノベーションにも、目を向ける必要があるでしょう。

　地域で変化を起こす先導的な役割を果たせるのは、他の地域から来た人や先入観のない若い人、そして馬力のある人たちである「よそ者」「若者」「馬鹿者」だとよく言われますが、イノベーションを持続する主役は、地域に根ざして事業を代々承継してきたファミリー・アントレプレナーかもしれません。日本の各地域の独自性・優位性を有効に活用して課題を克服し、経済的、社会的な価値を生み出すにはイノベーションが必要であり、それは現在の制度や仕組みを新たな方向性のもとで再構築しようとする活動にほかなりません。そのイノベーション創出の原動力としてアントレプレナーシップを発揮できる人材が求められているのです。

　アントレプレナーシップは、今後の日本社会にとってキーワードの1つであるといえるでしょう。アントレプレナーシップは、だれにでも発揮できますが、それには、基本的な知識を体系的に習得するとともに、不可能を可能にする強い意志を持ち、夢の実現に向かって人々と協力して懸命に頑張ることが大切です。アメリカ合衆国第16代大統領エイブラハム・リンカーンの言うように、「意志あるところに道はある」（Where there is a will, there is a way）のです。

　『1からのアントレプレナーシップ』では、本書を手に取って学ぶ読者が、アントレプレナーシップ概念の広がりを歴史的・社会的背景と関連させて感じとり、経営学の視点から基礎的な知識を習得できることを目指しました。アントレプレナーシップに関する知識が、今後の日本社会のあり方やグローバル化という大きな環境変化の中で汎用性をもつことを知ってもらい、読者のさらなる学びにつながれば、執筆者一同にとってこれほどうれしいことはありません。それでは、アントレプレナーシップの学びを始めましょう。

2017年1月

執筆者を代表して

山田　幸三

CONTENTS

第Ⅰ部　アントレプレナーシップとは

1

❖ CONTENTS

第Ⅱ部　多彩なアントレプレナーシップ

第Ⅲ部　ライフステージとアントレプレナーシップ

第Ⅳ部　地域とアントレプレナーシップ

第 I 部

アントレプレナーシップとは

第1章
第2章
第3章
第4章
第5章
第6章
第7章
第8章
第9章
第10章
第11章
第12章
第13章
第14章
第15章

第 1 章

アントレプレナーシップ の基礎理論
—アントレプレナーとはどのような 人々なのか？

1　はじめに

　現代社会で活躍するアントレプレナー（企業家）は、単に営利目的で事業を営む経営者ではない。アントレプレナーシップを発揮してイノベーション（革新）を構想し、遂行する経営者や管理者を指す。

　PC基本ソフト（OS）WindowsやMacの開発を主導し、情報ネットワーク化のフロントランナーとして人々のライフスタイルを劇的に変えたのは、「IT革命の旗手」、マイクロソフトのビル・ゲイツやアップルのスティーブ・ジョブズである。

　また、急成長する4社が、10年間で中小企業100社の雇用の半分を創出するというイギリスの研究者ストーリー（D. J. Storey）たちのシンボリックな発見事実が示すように、中小企業のアントレプレナーも、経済の活性化に大きな役割を果たしている。

　日本では、戦後の経済成長を繊維、鉄鋼、機械、電機、自動車などの産業が支えたが、中心となる大企業には事業構造を再構築した例が多い。たとえば、旭化成や帝人は、建材・住宅、医療・医薬などの新事業で脱繊維に成功した。その脱本業のプロセスを進めた経営者や管理者は、社内でアントレプレナーシップを発揮して新たなビジネスに取り組んだアントレプレナーである。

　アントレプレナーシップは、企業家精神と翻訳されることが多いが、企業家の精神だけに関することではない。環境の変化に対して、リスクをとって能動的に行動する企業家の活動すべてに関わる。本章では、アントレプレナーとはどのような人々なのか、アントレプレナーシップはなぜ重要なのかについて考えてみよう。

2　楽天・三木谷浩史の挑戦

　アントレプレナーシップを発揮する企業家は、基本的には徒手空拳からイノベーションを構想して遂行する独立企業家（独立アントレプレナー）と、企業や組織の内部でイノベーションを企図する社内企業家（コーポレート・アントレプレナー）に分けて考えられる。日本の先駆的な独立企業家の1人は、インターネット・ショッピングモールの楽天市場を起業した三木谷浩史である。

　三木谷は、大学卒業後に日本興業銀行（現みずほ銀行）へ入行、アメリカのハーバード・ビジネス・スクールへ留学し、大企業でキャリアを重ねて出世の階段を上るのではなく、会社を興すことがビジネスの王道であると知って衝撃を受けた。

　銀行を退職して情報ネットワークの外に出ても、在職時よりグローバルなレベルで多くの情報が集まってくるインターネットの凄さに驚き、インターネット・ショッピングモール起業を決意する。帰国後に経験した阪神・淡路大震災は悔いのない生き方の大切さを知らしめ、企業家への転身を後押しした。

　当時、NTTや商社が巨額資金を投入してネット通販事業に参入したが、ビジネスとして軌道に乗らず、撤退する例が後を絶たなかった。三木谷は周りの否定的な声に怯まず、先発企業の撤退が相次ぐ状況をビジネスチャンスと捉え、インターネットショップの徹底的な調査を基にデータベース化した。日々更新して常に新企画や情報を発信するショップほど売上が伸びているのを発見し、後に副社長としてパートナーシップを組む大学院生の本城愼之介と1997年に起業した。楽天市場開設時の従業員は6人、サーバー1台、13店舗であった。

　三木谷の企業家としてのアンカー（不動点）は、インターネットの可能性への確信にあった。楽天市場の開設では、独自システム開発にこだわり、ネットショップと利用者の双方の利便性を追求し、出店者の相談に乗る電子商取引コンサルタントの充実も図った。三木谷は、インターネットの可能性を確信し、起業の機会を逃さず機敏に行動した。徹底した分析で先行者との差別化要因を見出し、新たなビジネスモデルで事業化したのである。

　楽天市場は2000年株式公開、2002年に従量課金制を導入して創業5年目で6,000店舗を超え、2011年には出店数3万8,000店舗、年間流通総額1兆円を達成した。2019年に携帯キャリア事業として楽天モバイルがサービスを開始し、コロナ禍の2021年には日本郵政グループと資本・業務提携に合意した。また、「東北楽天ゴールデンイーグルス」「ヴィッセル神戸」を傘下に収め、プロ野球とJリーグにも参入した。

　ネット通販事業から始まった楽天グループは、eコマース、トラベル、デジタルコンテンツのインターネットサービス、フィンテック（金融）サービス、モバイルサービス、さらにはプロスポーツという多様な分野へ進出し、楽天会員中心のメンバーシップを基軸に70を超えるサービスを有機的に結び付けている。安定志向を棄てて大企業を飛び出し、インターネット通販事業の可能性に賭け、一代でITベンチャーを成功させた三木谷のキャリアは、アントレプレナーシップを体現している。

3 イノベーションを構想して遂行する：シュンペーターとカーズナーのアントレプレナー像

　経営思想家のドラッカー（P. F. Drucker）は、アントレプレナーシップを「個人であれ組織であれ、独特の特性を持つ何か」とし、「まったく新しいことを行うことに価値を見出す」こととした。ベンチャー研究の大家ティモンズ（J. A. Timmons）は、「何もないところから価値を創造する過程」をアントレプレナーシップとし、起業機会をつくり出して適切に捉え、資源の有無にかかわらずそれを追求するプロセスであるとする。

　まず、アントレプレナーシップを発揮する企業家像について考えてみよう。

❖ 新しい組み合わせで革新を起こすアントレプレナー

　最も著名な企業家像は、20世紀を代表する経済学者の1人のシュンペーター（J. A. Schumpeter）が描いた。経済学では、土地（自然資源）、労働、資本が増加すれば生産が拡大し、減少すれば生産が縮小するという意味でこれらを本源的生産要素とする。企業の生産活動を「結合」と表現すると、これらの生産要素を結合させるのが企業家である。

　しかし、シュンペーターの描く企業家像は、①新しい生産物（財貨）の創出、②新しい生産方法の導入、③新しい販路の開拓、④原料あるいは半製品の新しい供給源の獲得、⑤新しい組織の実現という「新結合」によって、それまでとはまったく異なる変化を生むイノベーションを構想して遂行する。

　新製品開発や新しい生産方法の導入、市場の開拓、新しい（産業の）組織をつくり出すという広い意味でのイノベーションの担い手なのである。

　イノベーションは多数の企業家に刺激を与え、その活動を引き起こして経済全体を大きく発展させる。ミクロレベルの企業家の活動が企業家の群生というメゾ（meso）レベルの現象を生み出し、マクロレベルで国の経済が発展していくのである。イノベーションを構想して遂行する企業家は、旧い秩序や慣行からの逸脱者や破壊者であり、新結合で経済を発展させる「創造的破壊」を実現して創業者利潤を手にできる。

　アメリカのシリコンバレーやオースティン、フィンランドのオウルなど、特定分野で国際競争力を有する多くの産業と大学や規格団体などの関連機関が地理的に集

中する産業クラスターでは、企業のイノベーション、既存の組織を飛び出して起業するスピンオフ、大学発ベンチャーとともに、地域の多様なイノベーションの苗床となる仕組み（プラットフォーム）が形成される。プラットフォーム形成の活動に関わる人々や機関にも、アントレプレナーシップは不可欠である。

「新結合」の概念は、経済発展の原動力を市場が均衡状態に向かうプロセスを超越したところに見出し、多くのアントレプレナーシップ研究に道を開いた。シュンペーターは、企業家の登場しない理論は新製品や新技術による競争の本質を見逃すとし、シェークスピアの四大悲劇の1つになぞらえて「デンマークの王子のいない『ハムレット』のごときものにすぎない」と述べている。

❖ 機敏に機会を捉えるアントレプレナー

イノベーションによって群生して現れる企業家は、新結合の担い手ではない。新結合で生じた市場での機会に機敏に対応した企業家たちである。だれも気づかなかったビジネスチャンス、可能性を秘めた資源や生産方法を見出す能力を持つ機敏な革新者として、シュンペーターとは対照的な企業家像を描いたのは、カーズナー（I. M. Kirzner）である。

カーズナーは、アントレプレナーシップの本質が過去の意味づけや常識とされてきた思考の枠組みに囚われない柔軟な発想と、経営資源（ヒト、モノ、カネ、情報）の動員に関わる意思決定の機敏さや柔軟性にあるとした。アントレプレナーシップと競争をコインの両面に例えて、企業家の活動は常に競争的で競争に関わる活動は常に企業家的であるとし、アントレプレナーシップは日常性と決別する能力ではないと考えた。

カーズナーが、機敏な革新者の見出した機会を利用する模倣者によってもアントレプレナーシップは発揮されるとしたように、イノベーションは模倣から始まることが多い。しかし、イノベーションにつながる模倣はコピー商品をつくり出す活動ではなく、何らかの工夫やオリジナリティを伴って新たな価値を生み出す創造的な模倣活動である。競合者間に低価格で消耗戦を強いるコピー商品はアントレプレナーの活動を阻み、市場の衰退を招く可能性が大きい。

たとえば、ヤマト運輸の宅急便事業は小口荷物に目をつけ、アメリカのユナイテッド・パーセル・サービスの輸送事業をモデルに、ベースと呼ばれる拠点（ハブ）から自転車の車輪のように放射線状に配送網（スポーク）を展開するハブ・アンド・スポークのシステムを構築した。各都道府県に最低1か所のベースと、1つ

╭─────────────────────╮
│ **Column 1 − 1** │
╰─────────────────────╯

イノベーションの機会と企業家的志向性

　ドラッカーは、『イノベーションと企業家精神』（上田惇生訳、ダイヤモンド社）の中で、企業、公的機関、ベンチャービジネスの3つの組織をイノベーションの担い手として焦点を合わせ、7つのイノベーションの機会を具体的に示した。

　それらは、信頼性と確実性の大きい順に、①予期せぬ成功と失敗の利用、②現実と望ましい姿とのギャップ、③限定されたニーズの発見、④産業構造の変化、⑤人口構造の変化、⑥認識の変化、⑦新しい知識の出現、である。

　7つの機会は組織の内部と外部の事象に分けられ、各々異なる特性を持ち、異なった分析を必要とする。①から④の4つは、企業や公的機関の組織の内部、産業や社会的部門の内部の事象であり、すでに起こった変化やたやすく起こせる変化の存在を示す事象である。⑤から⑦の3つは、企業や産業の外部における事象である。

　企業を取り巻くマクロ的な環境は、コトラー（P. Kotler）の提唱したPEST分析で、政治（Politics）、経済（Economy）、社会（Society）、技術（Technology）の4つの側面から考察できる。ドラッカーの提示した7つの機会は、多様な環境の構造的変化がイノベーションの機会を生み出し、起業や新事業の創造が、アントレプレナーシップの発揮によって可能になることを示している。

　アントレプレナーシップは、日常の仕事をうまく行うよりも新しいことに経済的な価値を見出すが、ドラッカーは、イノベーションの成否が新奇性、科学性、知的卓越性ではなく、市場での成否に関わるとしている。

　アントレプレナーシップを発揮してイノベーションの機会を捉えるには、企業家的志向性（entrepreneurial orientation）が必要である。企業家的志向性は経営者を中心とした企業の姿勢であり、アントレプレナーシップのエンジンとして企業の存続と発展に影響し、起業や新事業の創造と展開の駆動力になる。企業家的志向性の構成要素には、実証研究にもとづく多岐にわたる議論がある。近年では、革新性（innovativeness）、能動的な行動姿勢（proactiveness）、リスクテイキング（risk-taking）の3つに収斂している。

のハブとなるベースから伸びた20前後のスポークの先にセンターを設けて、その先に取次店を置く集配送のネットワークをつくりあげたのである。

4 起業経験によるアントレプレナーのタイプ

　新事業や産業創造のフロントランナーとなる企業家の輩出や潜在的な企業家の発掘にはターゲットを絞った施策や投資が求められ、ファミリー・アントレプレナー、アカデミック・アントレプレナーといった具体的な企業家像が念頭に置かれる。

　次に、社会やビジネスの課題に直面する政策担当者、投資家・資金供給者、コンサルティングビジネスの視点から、起業経験の有無によって異なる企業家像を見てみよう。

❖ 初心者型企業家と実践経験型企業家

　起業経験の有無をもとにすれば、初めて事業を興した初心者型企業家のノヴィス・アントレプレナー（Novice Entrepreneur）と、1 社か複数社かの区別はあっても起業、あるいは会社の閉鎖を経験した実践経験型企業家のハビチュアル・アントレプレナー（Habitual Entrepreneur）とに分けられる。

　これまでの研究では、起業活動の経験は経営にプラスに働くことが多いとされる。しかし、楽天市場を開設した三木谷浩史のように、ベンチャー企業の創業者には初めて事業を興した企業家が珍しくない。大企業での実務経験とハーバード留学経験をもつ三木谷は、まったくの素人経営者とはいえないが、起業経験のない初心者型の独立企業家である。

　大学発ベンチャーの創業者には初心者型企業家が多い。名門大学の研究者・医師であった窪田良は、アメリカで高い専門性をもつパートナーと経営チームを編成し、大学発バイオベンチャー、アキュセラ（Acucela Inc.）を設立して、自ら開発した技術を基に治療薬のない眼疾患の創薬に取り組んだ。

　大学発ベンチャーは、通常、大学で研究開発された何らかの知的財産をもとに、現役の構成員（学生、教員、職員）が設立した新規企業を指す。その使命は、研究成果をもとに先端領域を切り開き、新たな価値を創造するフロントランナーとして活動することだ。日本に多いキャッチアップ型のビジネスモデルから脱却し、新たなモデルの先駆けとして経済の活性化に貢献するのである。

❖ シリアル・アントレプレナーと産業クラスター

　ハビチュアル・アントレプレナーは、1つの事業を終えてから新たに別の事業を興すシリアル・アントレプレナー（Serial Entrepreneur）と、独立した複数の事業を同時並行に営むポートフォリオ・アントレプレナー（Portfolio Entrepreneur）とに分けられる。

　アメリカのシリコンバレーでは、多くのシリアル・アントレプレナーが活動している。産業クラスターの形成に貢献する活発な起業は、少数の企業家が繰り返すスピンオフによることが多く、シリアル・アントレプレナーが重要な役割を果たしているのである。

　しかし、スピンオフはシリコンバレーに特有の現象ではない。テキサス州オースティンで多くのスピンオフを生み出したチボリシステムズ創業者のロバート・ファビオの例を見てみよう。

　ファビオはニューヨーク大学のコンピュータサイエンスを卒業後、複数の企業勤務を経験してIBMに入社し、プロジェクトのためにオースティンに来た。しかし、官僚主義的経営への反発と、IBMの無視したクライアント・サーバー技術にビジネスチャンスを見出して退職し、1989年にチボリシステムズを設立した。

　ところが、設立後2年でチボリを辞め、同僚2人と共にクライアント・サーバーソフトの開発会社であるダゼルを設立する。そして、その経営と並行してeコマースビジネスに顧客支援ソフトを提供するベンティックスを共同で設立する。ファビオはチボリシステムズ以外に4社を設立し、シリアル・アントレプレナー、およびポートフォリオ・アントレプレナーとして活動したのだ。

　イギリスのケンブリッジ大学の技術シーズを基に、携帯端末を用いてインターネットでの支払・課金・情報分析サービスを行うバンゴーの共同創業者であるレイ・アンダーソンは、ケンブリッジ大学のコンピュータサイエンス出身で2社の起業経験を持つシリアル・アントレプレナーである。アンダーソンは、個人投資家ネットワークのケンブリッジ・エンジェルズのメンバーとして活動し、起業実績や投資家としての活動が評価され、2006年に英国テクノロジー・アントレプレナーシップ・オブ・ザ・イヤーを受賞した。

　起業経験の豊かさがかえってマイナスになるリスクは否定できない。だが、シリアル・アントレプレナーは、起業や経営経験によるスキルの蓄積、ベンチャーキャピタルとの関係構築、優秀な人材の雇用や資金調達のネットワーク、市場や顧客か

Column 1 – 2

新事業展開のプロセス

　アントレプレナーの企図するイノベーションが実行に移され、新しい事業が展開していくプロセスは、①イノベーション、②引き金を引く出来事、③事業を始める、④事業の成長、という4つの段階から成るとされる（ウィリアム・D. バイグレイブ『MBA起業家育成』学習研究社、1996年、p.17）。

　アントレプレナーの視点から捉えた場合、新しい事業を興して成長させるプロセスの各段階では、個人の資質、環境、社会、組織に関する諸要因が影響を及ぼす。個人の資質は、価値観、経験、教育といった、アントレプレナーの個人的な資質のことである。環境とは、起業とその事業の成長に影響を及ぼす環境を指し、起業の機会やロールモデルがあげられる。アメリカのシリコンバレーのように、起業の盛んな地域では、手本や目標としてのロールモデルになる多くのアントレプレナーが活躍しており、このことが多くの起業に結びつくとされる。社会は、両親や家族、起業チームのようにアントレプレナーの人的なネットワークのことである。組織は、起業した事業が成長するとともに編成される組織について、戦略や組織文化までも含めたあり方のことである。

【図1－1　起業へのプロセス】

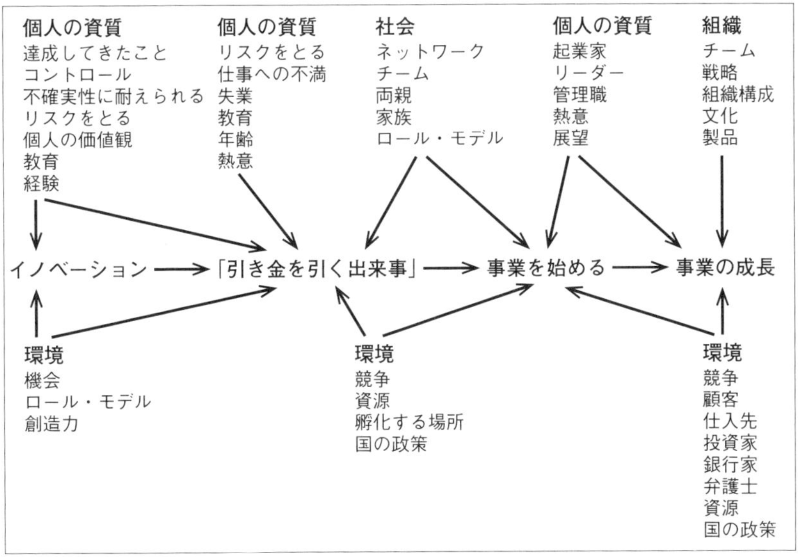

出所：W. D. バイグレイブ『MBA起業家育成』p. 17を原文をもとに一部修正。

> 　綿密な調査や偶然の機会によって発案した新事業のアイデアは、他のキャリアの選択肢、ロールモデルの有無、経済状況、起業資金の調達によって、その実現のための意思決定が影響を受ける。
> 　さらに、イノベーションを遂行してそれを事業として開始するまでには、ほとんどの場合、高校や大学の卒業、家庭環境の変化、失業などといった何らかの「引き金となる出来事（triggering event）」がある。

らの信頼の獲得などの点において、初心者型の独立企業家よりも優位性を持っていると言える。

5　アントレプレナーシップと経営戦略

❖ アントレプレナーシップとドメインの定義

　経営戦略論の名著『戦略サファリ』（ミンツバーグ他著）では、戦略形成の考え方を10の学派（スクール）に分け、ビジョンの創造プロセスに焦点を合わせる考え方をアントレプレナー・スクールと呼んでいる。

　リーダーの直観、判断、知恵、経験、洞察という人間の知的な活動に着目し、企業家の志、方向性をイメージや感性を伴って示すビジョンを中心的な概念として戦略形成のプロセスを説明するのだ。

　たとえば、世界的なスーパーマーケットのウォルマートは、創業者サム・ウォルトンの安価で大量に売るという小売りの哲学を反映し、良い商品を低価格で提供して人々の生活水準の向上に寄与するというビジョンが戦略形成に浸透している。

　経営戦略論では、企業、病院、大学などによる生存領域の選択をドメインの定義と呼ぶ。「わが社の事業は何か、いかなる会社になるのか」というドメインの定義は、中長期的な構想にもとづく企業の基本設計図の核となり、経営ビジョンの具体化を通じてアントレプレナーシップに結びつく。

　たとえば、アメリカの鉄道会社の凋落は、人や物の輸送に対する社会の需要が伸び続けるなかで起こった。自動車やトラックという代替輸送手段に需要を奪われたからではなく、伸び続ける需要に対応できなかったのだ。それは自らの事業を輸送事業ではなく鉄道事業と定義し、顧客を他に追いやってしまったことが原因だった。

事業展開の道筋が見通せない「近視眼的（myopia）」な定義に陥り、何ごとも鉄道主体に考える内向き志向になって、輸送サービスに目が向かなくなったのだ。アントレプレナーシップとは逆の視野の狭い判断に陥って潜在的な市場を見落とし、成長の可能性を自ら閉ざしてしまったのである。

　現在の製品やサービスの範囲で日常の仕事を円滑・効率的に進める受け身の姿勢では、企業は環境の変化に十分対応できない。企業の存続と発展には、変化の中に潜む機会や脅威を発見し、自社のあるべき姿への根本的な問いを立てて、進出する事業分野の選択や撤退の決断が必要となる。

❖ アントレプレナーシップと事業創造のプロセス

　独立企業家による起業や社内企業家の事業創造は、新しい企業や組織の生成、成長、成熟のプロセスとして全体を捉える視点が必要である。この視点では、起業や事業の構想から成長のプロセスを、大きくはスタートアップ期、成長期、成熟期のステージから成ると考える（図1-2）。

　スタートアップ期は独自の構想をもとに事業を創造し、製品やサービスの販売が限定された市場で一定の軌道に乗るまでの期間である。成長期は前半と後半で様相が異なり、前半では製品やサービスが市場へ深耕し、ある時点から市場が急速に拡大する。後半は、関連する製品やサービスが充実する時期である。成熟期には、そ

【図1-2　起業と発展のプロセス】

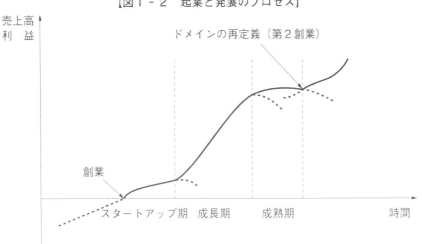

出所：筆者作成

【表1－1　アントレプレナーシップの諸相】

機会の識別と評価	事業計画の策定	必要資源	事 業 の 管 理
・機会の創造と持続性 ・機会の実質価値と認知された価値 ・機会のリスクとリターン ・機会に対する個人のスキルと目標 ・競争状況	・市場セグメントの特徴と規模 ・市場計画 ・生産の要件 ・資金計画と要件 ・組織形態 ・参入ポジショニングと戦略	・企業家の現有資源 ・資源ギャップと利用可能な供給源 ・必要資源へのアクセス	・経営スタイルと構造 ・成功の鍵となる変数 ・問題および潜在的問題の認識 ・コントロールシステムの実行

出所：Hisrich and Peters [1998] *Entrepreneurship* (4th ed.), p. 40.

れまでの事業の延長では成長が難しくなり、ドメインの再定義（第2創業）が必要となる。

　一連のステージの中で、スタートアップ期は、新しい事業機会の認識から事業化までのプロセスとして捉えられる。ヒスリッチ（R. D. Hisrich）とピータース（M. P. Peters）は、事業創造の初期のプロセスを、機会の認識と評価、事業計画の策定、必要資源、事業の管理の4段階に分け、各々の段階で重要な要因を整理した（表1－1）。事業創造のプロセスでは、環境変化の中から事業機会を認識し、それを事業コンセプトにまで練り上げて具体的な事業計画を策定し、経営資源を動員して組織を編成していく。その中で鍵となる段階が事業コンセプトの練り上げである。

　起業や新事業の機会を認識しても、アイデア段階で終わることは多い。事業コンセプトは、「どのような顧客」の「どのようなニーズ」を「いかなる方法」で満足させるかという事業の定義に相当する。

　たとえば、ヤマト運輸の宅急便事業は、郵便局のサービスに不満を持つ個人顧客の潜在的なニーズに対して、ハブ・アンド・スポークのネットワークを基盤に「翌日配送」と「地域別均一料金」をパッケージにし、顧客への訴求力を高めることに成功した。

❖ アントレプレナーシップとビジネスシステム

　携帯電話のビジネスが、携帯機器の製造企業、電話会社、サービスの提供会社による企業間の協働関係で成り立つように、現代の日常生活は、企業が他の企業と協働して顧客に価値を届ける仕組みであるビジネスシステムで支えられている。

　国内外では、業界特有のビジネスシステムがつくり出されてきた。たとえば、コカ・コーラやペプシコーラに代表されるアメリカの清涼飲料産業の企業は原液の生

産に特化し、輸送コストのかかる最終製品の製造はボトラーに委託するという協働関係をつくり出した。パナソニック（旧松下電器）に代表される白物家電産業は、類似の系列店販売網をつくり出すことで成長し、系列販売店のシステムは台湾やマレーシアにも移植された。

　新しい商品やサービスの開発による激烈な競争は変わらない。だが、情報技術の目覚ましい発展で新しいビジネスシステムが次々とつくり出されており、競争の焦点は商品の競争からビジネスシステムの競争へと移っている。アントレプレナーによるイノベーションの構想と遂行によって、企業内と企業間の新たな仕組みづくりが必要となっているのである。

　日本の漆器や陶磁器のように、長い歴史を経て生き残った伝統産業もビジネスシステムに支えられてきた。伝統産業のビジネスシステムは、人々の叡知を結集して自然発生的に生み出された協働の仕組みであり、その点で強靭さを持つ。伝統と革新は表裏一体であり、伝統を墨守するのではなく、アントレプレナーシップを発揮して時代にマッチした価値を創り出すという革新が、伝統を守る証となる。

6　おわりに

　『イノベーションと企業家精神』を著したドラッカーは、2001年に『マネジメント』（エッセンシャル版）の「日本の読者へ」の中で次のように記したうえで、21世紀の日本が、かつて世界に情報発信したような革新的・創造的な勇気あるリーダーに匹敵する人々を再び輩出することを願い、期待している。

　「世界中の先進社会が転換期にあるなかで、日本ほど大きな転換を迫られている国はない。日本が50年代、60年代に発展させたシステムは、他のいかなる国のものよりも大きな成果をあげた。しかし、まさにそのゆえに、今日そのシステムが危機に瀕している。」

　アントレプレナーシップの原理を「変化を当然のこと、健全なこととすること」と言うドラッカーの指摘は、今後の日本社会のあり方を考えるにあたって、今も示唆に富む内容である。

　現代に生きる私たちには、より良き社会を構築するために、グローバルな視点からアントレプレナーシップとイノベーションが求められている。

?考えてみよう

1．日本社会に大きなインパクトを与えたビジネスを興した企業家を取り上げ、そのビジネスがなぜ革新的であったのかを考えてみよう。

2．海外の代表的なベンチャービジネスの企業家を取り上げ、そのビジネスがなぜ大きく成長したのかを考えてみよう。

3．今後の日本社会のあり方を考えたとき、アントレプレナーシップを発揮してどのようなイノベーションを起こすことが必要なのかを考えてみましょう。

参考文献

P. F. ドラッカー（上田惇生訳）『イノベーションと企業家精神』（ドラッカー名著集5）ダイヤモンド社、2007年

I. M. カーズナー（田島義博監訳・江田三喜男・小林逸太・佐々木實雄・野口智雄共訳）『競争と企業家精神：ベンチャーの経済理論』千倉書房、1985年

J. A. シュムペーター（塩野谷祐一・中山伊知郎・東畑精一訳）『経済発展の理論』（上・下）岩波書店、1977年

J. A. ティモンズ（千本倖生・金井信次訳）『ベンチャー創造の理論と戦略』ダイヤモンド社、1997年

次に読んで欲しい本

宮本又郎『企業家たちの挑戦』中公文庫、2013年

加護野忠男・山田幸三編『日本のビジネスシステム－その原理と革新』有斐閣、2016年

第2章

アントレプレナーシップ の社会的意義
―アントレプレナーの果たす役割とは何か？

1 はじめに

　アントレプレナー（企業家）の活動は社会にどのような影響を与えているのだろう。皆さんの生活の何がどのように変わるのか。実は、今、当たり前のように皆さんが使っている様々なサービスは、アントレプレナーの存在抜きには考えられないことが多い。彼らの独創的で革新的なアイディアなしに、今の豊かな暮らしはなかったかもしれない。

　本章では、まずこうしたアントレプレナーたちが繰り広げる多様な事業活動の実態をみていく。その上で、その意義と役割について、「産業の新陳代謝」、「顧客価値の創造」、「社会的課題の解決と働き方の広がり」という３つの視点から考えてみよう。

2 社会を変えるアントレプレナーたち

❖ アメリカでIT産業が勃興：ジョブズやゲイツの登場

　Mac, iPhone, iPadで知られるアップル社の共同創業者であるスティーブ・ジョブズはご存じだろうか。ジョブズは「Mac」の開発を主導し、1976年に創業するや否や、事業を急成長させ、パソコン（パーソナルコンピュータ）という概念を世間に浸透させた一人である。

　しかし、当初は、後に「Apple I」と命名される商品化をヒューレット・パッカード社とアタリ社に断られ、苦戦を強いられる中、愛車を売るなど自分達で資金を集め事業を立ち上げている。その決意には、自らが抱く商品への熱い思いと自信があった。

　ジョブズの行動力や直観力は、幼い頃から傑出しており、13歳の時、ヒューレット・パッカード社のCEOの自宅に直接、電話をかけたり、16歳の時に、知り合いから紹介された共同創業者のスティーブ・ウォズニアックとすぐに意気投合したことで知られている。

　他方で、ジョブズは、商品開発への異常なまでのこだわりが仇となり、業績不振

【写真２‐１　パソコンやスマホを使いこなす学生達】

出所：筆者撮影

の責任を負わされ、1985年にアップル社から解任されている。しかし、その後、引退する訳ではなく、映画でも有名なピクサー・アニメーション・スタジオやNeXT ComputerなどIT関連ビジネスを立ち上げ、1996年には、業績不振に陥っていたアップル社の救世主として復帰を果たす。その後の快進撃は、皆さんもご存じの通りで、アップル社の業務範囲を、これまでのパソコン事業からデジタル家電やメディア配信事業へと急拡大させていった。

　ジョブズのライバルとみられていたマイクロソフト社の共同創業者、ビル・ゲイツも、アメリカのIT産業を牽引したアントレプレナーの一人である。ゲイツ率いるマイクロソフト社は1975年に創業し、「ウインドウズ」というパソコンを動かすために必要な基本ソフト（OS）を開発し、その製品の企画や中身をいち早く世界にオープンにしたことで、パソコンが全世界に普及することになった。1980年代のアメリカはジョブズやゲイツなどアントレプレナーの登場で、従来の産業構造が大きく変貌した。そして、その勢いは今も健在で経済発展の原動力となっている。

❖ 驚きのサービスや商品の登場

　ジョブズやゲイツに続き、アメリカ西海岸には次々と革新的なアイディアを武器に起業するアントレプレナーが登場している。

　魔法のような検索エンジン「グーグル」はラリー・ペイジとセルゲイ・ブリンが1998年に創業した。新たなコミュニケーション・ツールとなった「フェイスブック」（現メタ・プラットフォームズ）は、2004年にマーク・ザッカーバーグが数人の友人と立ち上げ、「いいね」は一瞬にして友達の輪を世界に広げている。2009年には配車アプリのウーバー・テクノロジー社（以下、ウーバー社）が生ま

れた（トラビス・カラニックとギャレット・キャンプによる創業）。どこからでも簡単に利用者がドライバーを呼べる仕組みで利便性が高めている。

　今やすべてのものがインターネットでつながるIoT（Internet of Things）の時代が目の前に迫っている。そのチャンスを逃すことなく、アントレプレナーは私たちがワクワクする驚きのサービスを次々と開発して、暮らしを大きく変えようとしているのである。

❖ 社会派アントレプレナーの活躍

　事業の経済性のみならず社会性を志向するアントレプレナーも世界中で活躍している。1995年にイギリスで設立された環境や貧困問題に取り組む「ピープルツリー」（フェアトレードカンパニー㈱）、2006年にノーベル平和賞を受けたグラミン銀行と創業者ムハマド・ユヌスなど、その存在感は小さくはない。

　日本でも2006年に「発展途上国から世界に通用するブランドをつくる」をテーマに「㈱マザーハウス」が立ち上がった。社会起業家を支援するNPO法人ETIC.も1993年の設立から30年がたち、その事業範囲も広がりをみせている。

　このようにアントレプレナーの活動は収益を目的としたものとは限らない。発展途上国の貧困問題や社会問題、身近な地域・コミュニティの課題などをビジネスという手段で解決しようとする社会派アントレプレナーも世界中で活動しているのである。

　以下では、こうした多彩なアントレプレナーの実態とその社会的意義と役割について詳しくみていくことにしよう。

【図2-1　アントレプレナーシップの3つの社会的意義】

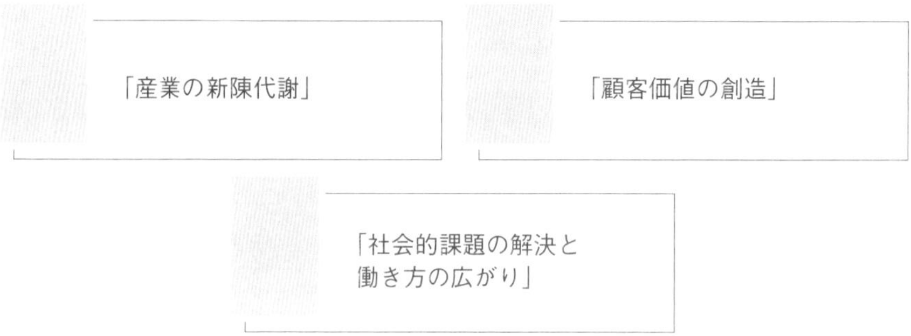

```
┌─────────────────────┐      ┌─────────────────────┐
│  「産業の新陳代謝」   │      │  「顧客価値の創造」   │
└─────────────────────┘      └─────────────────────┘

        ┌─────────────────────┐
        │  「社会的課題の解決と │
        │   働き方の広がり」   │
        └─────────────────────┘
```

出所：筆者作成

3　産業の新陳代謝

　アントレプレナーによる事業活動の活発化は、社会全体の視点からみると、産業の新陳代謝を促し経済発展に寄与する意義と役割を担っているといえるだろう。その活動は、主に「新規開業を通じた新産業の創出」と「社内の新規事業を通じた会社の生まれ変わり」の2つに分けられる。

❖ 新規開業を通じた新産業の創出

　アントレプレナーは、市場での競争と協働を通じて独創的なアイディアや技術を次々と開花させている。単にアイディアや情熱しかなくても、それがずば抜けていれば、投資家や大企業などが手を差し伸べてそこに磨きをかけ、革新的なビジネスへと進化させてくれるのである。こうした新たなフロンティアを切り開く新規開業の活発化は、これまで優位だった企業や産業の競争力を弱め、新たな企業や産業の競争優位性を高めていく可能性を秘めているといえる。

　1980年代からのアメリカがその典型で、そこでは従来型の製造業中心の産業からITという新たな産業へと1990年代にかけて変貌を遂げていった。当時のアメリカは、高い失業率と双子の赤字（財政赤字と経常収支の赤字）を抱えて経済は低迷していた。政府は、規制緩和や減税政策の他、産業競争力を高めるために知的所有権の保護や産学連携にも力を入れて、民間企業の潜在的な力が発揮できる環境整備に積極的に取り組んだのである。そうした政府の動きに呼応するかのように、アントレプレナーも次々と登場し、事業機会をつかみ、従来の常識や枠組みを超えた新技術や新事業を生み出し大きく成長していった。

　ジョブズのアップル社やゲイツのマイクロソフト社はその代表例で、アメリカ西海岸ではコンピュータなどIT関連の新興企業が急速に胎動してきた。もともと、アメリカでは、1980年前半まで、コンピュータと言えばIBMといわれ、大型で集中型のシステムで圧倒的な競争力を誇っていた。しかし、時代は、パソコンやワークステーションといった小型で分散型のシステムの流れに移行していたのである。その潮流の変化に、IBMのような大手企業は、自己否定が難しいため適応しにくく、出遅れてしまった。そもそも、ワークステーションの中核技術はIBMが生み出していたにも関わらず、インテルなど新興企業に先を越されてしまったのである。

　新しい技術が勃興する時代には、リスクをとって新たなフロンティアを開拓する
アントレプレナーこそが優位に立てるといえよう。そのことを1980年代のアメリ
カが証明してくれたのである。中でもシリコンバレーという地域には、新興企業が
集まるアントレプレナーの一大拠点（聖地）が形成され、新産業胎動の象徴的な場
所となった。

❖ 社内の新規事業を通じた会社の生まれ変わり

　大企業が成熟市場から脱して、新たな市場を開拓しようとする時、社内や社外に
独立した別組織を置き、そこで新技術や新事業の開拓を進めることが多い。そうし
た独立した小さな組織で、社内外のアントレプレナーが新たなフロンティアを発見
し会社を救う場合がある（社内ベンチャー／社内アントレプレナー）。

　一方、大企業に限らず中小企業も、現在の事業分野と関連した、あるいは直接関
係のない分野へ、果敢に挑戦する場合もある（第二創業）。中小企業は、大企業に
比べて経営資源に乏しいが、狭いニッチな分野、地域コミュニティ、特定の顧客な
どに集中して、新たな事業機会の探索を試みることが多い。大企業にはできないア
ントレプレナーシップがそこにはみられるのである。

　ファミリー企業や長寿企業の存続もアントレプレナーシップとは無縁ではない。
先代から受け継いだ会社をつぶすことなく、次の世代に継承することは並大抵なこ
とではない。時代が変化する中、会社を守ることは大事だが、何もしなければ存続
はおぼつかないだろう。先代からの事業は継承するが、それを墨守するのではなく、
新たに付加価値を加えて存続を確かなものにしていくことが求められる。そして、
その鍵を握るのがアントレプレナーシップなのである。後継者は先代から受け継い
だ会社を守り、次世代へとつないでいくためにも、敢えてリスクをとって攻める姿
勢が求められる。

　このようにアントレプレナーの新規開業や既存企業内での新たな事業活動の活発
化は、これまでの技術や事業のあり方を一新して、産業の新陳代謝や会社経営の刷
新を促す意義と役割を担っているのである。

Column 2 − 1

多産多死と少産少死

　図２‐２は、2009年から2018年の間の日本、アメリカ、ドイツ、フランス、イギリスの開業率の変化を比較したものである。それを見てわかる通り、日本の開業率は一貫して最下位で4.0％から6.0％、一方、イギリスの勢いは顕著で、2011年以降11.0から16.0％の範囲で最上位を占め、次いでフランス、アメリカ、ドイツが追う形となっている。日本と他国との間には、約２倍から３倍以上の開業率に差があることがわかる。では、廃業率はどうだろうか。

【図２‐２　５か国の開業率の比較】

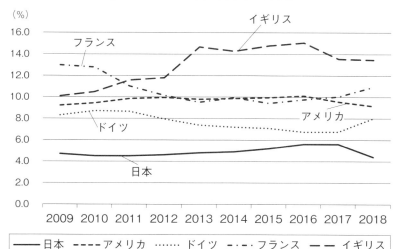

出典：文部科学省　科学技術・学術政策研究所「科学技術指標2021」を基に
　　　筆者が加工・作成。

　図２‐３は、2009年から2018年の間の日本、アメリカ、ドイツ、フランス、イギリスの廃業率の変化を示している。そこからわかる通り、日本の廃業率は一貫して最も低く、ほぼ4.0％水準で推移している。一方、全体を通じて廃業率が最も高いのがイギリスで10.0％から14.0％、次いで、アメリカ、ドイツ、フランスと続く。最上位のイギリスは、日本の２倍から３倍多く毎年企業が廃業していることがわかる。

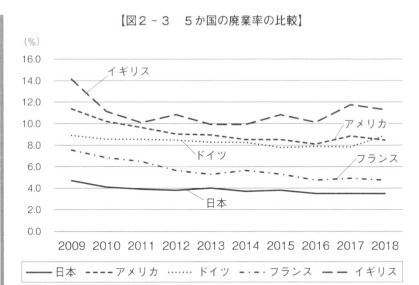

【図2-3　5か国の廃業率の比較】

出典：文部科学省　科学技術・学術政策研究所「科学技術指標2021」を基に
筆者が加工・作成。

　国によって開業率や廃業率の測定の仕方がやや異なる点は考慮すべきだが、5
か国の企業の開廃業の実態を概観すると、何が言えるだろうか。日本と比較して、
アメリカ、ドイツ、フランス、イギリスは、毎年、会社が多数設立されるものの、
フランスを除き、廃業する会社も多い。いわゆる「多産多死」の国といえるかも
しれない。一方、日本は会社の設立と廃業がともに少ない。いわゆる「少産少死」
の国といえるかもしれない。

　どちらが良いかという議論はさておき、新しい会社が次々と設立されて、企業
間競争や協働を通じて、消費者に支持される新たなサービスや産業が勃興する社
会の形成は喜ばしいことではないだろうか。1980年代のアメリカの経験はその
ことを教えてくれている。企業の新陳代謝も激しいが、何度も挑戦できる社会風
土や制度の存在も大切にしたい。日本もアメリカの表面的な仕組ではなく、その
本質を上手に学び、アントレプレナーが主役の社会を目指すのも悪くはないかも
しれない。

4 顧客価値の創造

　アントレプレナーが果たす第二の重要な意義と役割は、その活動を通じて顧客価値を生み出すことである。それは、潜在的な顧客のニーズを顕在化させることで、そのプロセスでは事業機会の探索、発見、活用が行われる。さらに、その実現には時代の潮流と技術トレンドを先読みして、創造的に環境適応する姿勢が求められるのである。

❖ 潜在的な顧客ニーズの顕在化

　事業機会の探索、発見、活用を通じて、付加価値の高い商品やサービスを消費者に届け、高い顧客満足度と顧客価値を創り出すことがアントレプレナーシップの本質と捉えられよう。そして、そこから生みだされるものは、私たち消費者がこれまで見たことのないような独創的な商品やサービスとなり、機能、デザイン、品質、利便性などで消費者から圧倒的な支持を集めることが多い。つまり、表には出にくい顧客の潜在的なニーズを刺激し、その欲求を顕在化させることに成功しているのである。

　フェイスブックは、いつでも、どこでも、誰とでも、すぐに友達になれる、そんな状況を端末１つ持つことで実現させた。フェイスブックがなかった時代と比べて皆さんの生活はどの程度変わっただろうか。コミュニケーション、仕事の効率、出会い、お付き合いやネットワークの幅が大きく広がったのではないだろうか。

　同様に、ウーバー社も従来のタクシーの概念を大きく変えて利用者の利便性を高めた。その仕組みの原点は、一般市民が自家用車を用いてドライバーとなり、利用者はネットを用いて配車の依頼をするところにある（ライド・シェアリング）。利用者にとっては、アプリ１つで瞬時にその場に車を手配できるようになり、ドライバーにとっては、空き時間を使い自家用車で小遣い稼ぎができるようになったのである。その結果、タクシーやレンタカーと比較して、その価格の安さ、配車や精算が簡単にできる利便性が格段に高まり、多くの顧客の支持を獲得することになった。

　フェイスブックやウーバー社は、人々がその快適さに気づいていない「あったら楽しい/便利なサービス」を、具体的な形にして見せることにより、そのニーズを顕在化させ新たな顧客価値を創り上げたのである。アップルやマイクロソフトがそ

うであったように、常に人々に驚きと利便性の高いサービスを届けようとしたのである。

　では、こうした独創的で革新的なサービスは何がきっかけで生まれるのだろうか。その背後にはいったい何があるのか。

❖ 事業機会の探索、発見、活用

　アントレプレナーの活動の起点には事業機会の探索、発見、活用がある。そのプロセスには、偶然ある事象が契機となり消費者の潜在的なニーズや嗜好のヒントに気づき、事業展開への道筋が見えてくることがある。そして、その活動範囲の拡大とともに消費者ニーズがさらに顕在化し、新しい顧客価値の創造へとつながっていくことが多い。

　フェイスブックの場合もそうで、本来は学生間の交流を目的に立ち上げた限定的なサービスであったが、その気軽さ、ワクワク感、面白さ故に、対象を大学生から広く一般に開放していくことになった。それは、マーク・ザッカーバーグ自身が学生生活を楽しむ中で若い人々の潜在的な交流欲に気づき、その機会を活用したことが成功のきっかけとなっている。彼は、若い世代のハートをつかみ、交流の輪や情報の幅が広がる仕組みを作り上げた。ウーバー社も同様で、従来のタクシーのサービスや仕組みへの問題意識、自家用車の存在、インターネット環境の普及という事業機会への認識が、事業展開の起点となっている。

　事業機会の発見あるいは認識は、こうしたごく日常的な出来事や気づきがきっかけとなることが多い。普段の何気ない変化や、自然/社会現象に問題意識や関心をもって、注意深くアンテナを張っていると、時にその網にお宝がかかることがあるのである。日常の何気ない準備がアントレプレナーの感度を高めて、事業機会のアラート（警笛）に気づかせてくれる。

❖ 時代の潮流と技術トレンド

　アントレプレナーは事業機会を探索する中でよく意識する点がいくつかある。それは、時代の潮流や技術トレンドの行方である。

　たとえば、現代社会における人口問題や環境問題、あるいは健康志向ブームなどの社会構造や市場動向の変化は、新たな事業機会の気づきに欠かせない要因の1つといえる。こうした時代の潮流の変化を読み間違えたり、対応に乗り遅れると大きなリスクを背負うことになる。1980年代のIBMはその典型であった。時代の変化

Column 2 − 2

企業家的自己効力感

　アントレプレナーには一風変わった人が多くないだろうか。アップルの創業者のジョブズ氏も天才的な頭脳をもつ一方、組織内では、決して主張を曲げようとせず仲間と激しく衝突することも多かったと言われる。他にも、周りからは無謀にみえることに果敢に挑戦する人、とにかく自身のアイディアに自信満々の人、人の意見を受け入れようとしない頑固な人など、新たな価値を創造するアントレプレナーにはどこか他の人とは違う特徴や個性がみられないだろうか。

　その特徴の1つにアントレプレナーのもつ「自己効力感」があげられる。一種の自己克服力ともとらえられるかもしれない。これは、自分がもつ特定の知識やスキルを駆使すれば、どんな困難な事態も必ず克服できるという強い気持ちや信念のことを言う。この思いが強い人ほど、高いモティベーションをもち、自分のもつ能力を積極的に発揮できて、高い業績にも結び付くとされる。それは単なる自信とは異なり、自分の専門性、知識、スキルなどを用いて行動すれば特定の問題を解決できるという自分への信頼と確信である。

　成功するアントレプレナーは、現状を変革し様々な難題を画期的な方法で解決することに対する重要性と実現可能性を信じていることが多い。つまり、今ある知識やスキルをもってすれば事業は必ず成功するという自信が、成功の鍵を握るとされる。自己効力感の保持は人の行動を促す重要な役割を担っているのである。

　しかし、アントレプレナーの成功は、必ずしも自己効力感のみで説明できるほど単純なものではないのも事実であろう。そこには、自分の中にある反抗心、事業達成への強い意欲、革新的な行動姿勢など他の特性も相互に影響を与えながら、アントレプレナーの意志や行動に影響を与えていることが近年の研究からわかってきている。まだ依然としてわからない部分は多いものの、自己効力感が軸となり関連する諸要因と適合しながらアントレプレナーの事業活動が成功に導かれている可能性は高い。

を先取りし行動に移す戦略姿勢こそ、事業機会をつかむアントレプレナーの特性で、ジョブズやゲイツがその良い例といえよう。

　また、事業機会を探索する中で次に留意すべき点は、技術進歩への対応である。企業間競争が激しい現代社会においては、次々と開発される新技術の情報をいち早くキャッチして、新事業へ適応する仕組みを考えることが求められる。ジョブズや

ゲイツは、それが実現できていたのである。彼らは、主にコンピュータ、インターネット、通信技術の急速な発達の恩恵を受けて、その機会を逃さず活用している。

　しかし、今後は、そうしたIT関連技術の進展のみならず、生命・医療、センサー、AI（Artificial Intelligence）、ロボット制御など様々な分野での技術開発が急速に進み、その技術を取り入れた新たな事業が生まれてくることが予想される。現にその兆候はみられ、新薬、ドローン、自動運転など、新たなフロンティア分野の開拓が進んでいる。技術の進歩はアントレプレナーの活動を活性化させ、顧客価値を創造する良い契機となっているのである。

5　社会的課題の解決と働き方の広がり

　3つ目のアントレプレナーの活動の意義と役割は、その活動にかかわる様々な思いや動機の影響を受けて、国や国際機関でさえ難しいとされる、社会的課題を解決しようとする点に見いだされる。そして、その活動の活発化が、人々の生き方や働き方にも影響を与えている点も無視できないだろう。

❖ 事業の経済性と社会性

　新たなフロンティアを切り開くアントレプレナーは、必ずしも経済性の大きな事業にのみ取り組むとは限らない。発展途上国の環境問題や貧困問題など社会性の大きな問題解決に取り組むことも多々ある。しかし、社会性が大きな事業と言えども持続可能な形で諸問題を解決するためには、ビジネスという手法はとても有効に機能することがある。それは、事業を継続させるための仕組みやノウハウがそこにあるからに他ならない。資金や人材の調達、流通ルートの確保、組織体制、収益性など事業の経済性を重視することは、持続的な社会問題解決のために必要になるのである。

　一方、経済性を優先したアントレプレナーの場合も、逆に、地域や環境の諸課題など社会性を抜きにして価値ある事業を考えることはできない。むしろ、日常の困った諸問題への注目や関心が、事業機会の発見につながることが多い。そう考えると、アントレプレナーによる活動の社会性や経済性は、その範囲や程度の差と捉える方が妥当と言えよう。社会派アントレプレナーも事業の経済性を取り入れているのである。

　たとえば、グラミン銀行を設立したムハマド・ユヌスは、バングラデシュの農村にはびこる貧困問題を解決するために、マイクロファイナンスという融資の手法を用いている。その仕組みは、5人1組のグループに順番に無担保融資を実行するというもので、1人が返済しないと次の人は融資を受けられない連帯責任を負うシステムとなっている。彼らは農村のムラ社会で生活しているので、仲間に迷惑はかけられないという意識が強く働き、貸し倒れ率も低く抑えられているのである。

　一方、事業の社会性を重視するアントレプレナーは日本にも存在する。「㈱マザーハウス」を立ち上げた山口絵理子は、発展途上国の資源を使って、先進国でも十分通用する商品づくりを始めた。独特な風合いをもち、環境に優しいジュートという素材を用いた良質のバッグを日本で販売するスタイルをとる。この活動なら、貧困に苦しむ労働者のがんばりが報われ、日本の顧客にも素敵で良質なバッグを提供できると考えたのである。

　このように、ビジネスという手法を用いて社会的な問題を解決しようとする社会派アントレプレナーは、日本を含めて世界的にその存在感を強めている。一方、その思いや動機は様々で、個々の価値観やライフスタイルに応じて、その活動領域や範囲も広がりをみせている。

✤ 広がる働き方の選択

　様々な領域で活動するアントレプレナーの世界的な活躍は、現代の日本社会における人々の働き方や生き方へも影響を与えているようである。

　一昔前では考えにくかった学生による起業は、今では、それほど珍しい光景ではなくなり、社会派アントレプレナーの活躍も顕著になってきている。「㈱マザーハウス」の山口もその一人であり、また社会起業家の輩出を支援するETIC. の宮城治男もそうである。宮城は、学生時代に組織を立ち上げて、主体性をもって自分の人生を切り拓く人々の背中を押し続けている。若者向け長期実践型インターンシップ、イベント・セミナーの開催、コミュニティづくり、情報発信・ノウハウの提供などを通じて、息の長い支援に取り組んでいる。

　山口や宮城をはじめ、ETIC. の支援を受けて事業をスタートさせた人々も皆、異なる様々な思いと動機によってアントレプレナーの道を選んでいる。人によっては、必ずしも事業を拡大する必要はなく、ゆっくりと自分のペースで当初の思いを貫く人もいるだろう。アントレプレナーとしての選択は、自分の夢の実現、仕事と育児との両立、地域・コミュニティへの貢献、社会問題の解決など様々な価値観に基づ

き多彩な働き方を可能にしてくれているのである。学生、サラリーマン、退職者、主婦に関わらずその選択は、人々の生き方やライフスタイルの幅を広げて、社会との関わり方をこれまで以上に大きく変える可能性を秘めている。

6 おわりに

　ここまで読んで、アントレプレナーの実態や意義についての理解が進んだだろうか。新たな産業の勃興、私たちの暮らしを豊かにするサービスの開発、社会的問題の解決、働き方や生き方の広がりなど、そこには社会を大きく変える潜在的な力が潜んでいるといえるだろう。独創的で革新的なマインドをもちリスクを恐れず新たなフロンティアを開拓するアントレプレナーの活動は、現代社会に限らず将来の社会の発展にも欠かせない力になるといえよう。

❓考えてみよう

1．戦後から現在まで、日本社会に大きな変化をもたらしたアントレプレナーを例示して、その事業活動と社会へのインパクトについて考えてみよう。
2．どういう社会的諸条件が整えばアントレプレナーが生まれやすいのか、国の政策や社会的な環境要因から考えてみよう。
3．将来もし自分がアントレプレナーになるとしたら、今の社会の何をどう変えたいか。また、その理由と方法についても考えてみよう。

参考文献

金井一頼・角田隆太郎『ベンチャー企業経営論』有斐閣、2002年
清成忠男『中小企業読本』東洋経済新報社、1997年
R. D. ジェイガー・R. オーティズ（日暮雅通訳）『世界を動かす巨人たち：シリコンバレーの16人の起業家』㈱トッパン、1998年

次に読んで欲しい本

P. F. ドラッカー（上田惇生訳）『イノベーションと企業家精神』ダイヤモンド社、2015年
リタ・マグレイス（鬼澤忍訳）『競争優位の終焉』日本経済新聞出版社、2014年

第1章
第2章
第3章
第4章
第5章
第6章
第7章
第8章
第9章
第10章
第11章
第12章
第13章
第14章
第15章

第 **3** 章

アントレプレナーシップ教育
―アントレプレナーは育てられるのか?

1 はじめに

　アントレプレナー（企業家）が起業し、その事業を持続的に発展させようとするには何が必要なのだろうか。事業の創造と発展にアントレプレナーシップと経営資源が不可欠なことはいうまでもない。だが、事業創造のプロセスでは、様々な人々の協力を得ることも必要となる。事業を創造して発展させるには、人々が互いに共感できるような経営理念や経営哲学、とりわけ自らの活動が何らかの形で世の中の役に立っていると確信できる方針を示すことが求められるだろう。

　しかし、何らかの形で世の中に役立つべきだというアントレプレナーとしての倫理は、アメリカや日本で設立されているビジネススクールで十分に学べるのだろうか。ビジネススクールでは、経営実務に必要な専門知識や論理的思考力などを習得することはできる。だが、各スクールは、ビジネスパーソンの実践的な判断の基盤となる経営倫理を学生たちへ伝えるのにむずかしさを感じている。

　それでも、この課題を解決する手がかりがまったくないわけではない。戦前の神戸に設立された官立の高等商業学校は、この点において1つの可能性を示してくれる。本章では、神戸高等商業学校（以下、神戸高商）での出光佐三の事例にもとづき、アントレプレナーシップと倫理教育の課題を考えてみよう。

2 出光佐三と神戸高商

❖ 出光佐三の母校

　1902（明治35）年に設立された神戸高商（現神戸大学）は、今でいうところのビジネススクールであった。というのは、当時の社会から課せられた同校の使命が、高度な商業実務を身に付けた人材の輩出であったからである。実際、鈴木祥枝（東京海上火災保険社長）、和田恒輔（富士通信機製造社長）、高畑誠一（日商創業者）、永井幸太郎（日商社長）、椿本説三（椿本チエイン創業者）のように、多くの企業家が同校から生まれた。

　そのなかでも、最も著名な人物が出光佐三であり、第二次大戦後、民族系石油会

【写真3－1　出光佐三（左は神戸高等商業学校時代）】

出所：出光興産株式会社

社の出光興産を一代で築きあげた立志伝中の人物である。小説のモデルとなったように、確かに彼は、戦前に既存の石油小売商の商圏に参入したことから「海賊」と呼ばれた人物ではあった。だが、それは彼の一面に過ぎない。実は商業の社会性を重視せよという旨の発言を何度も繰り返しただけでなく、それを実践した人物なのである。しかもそれは、神戸高商で授けられた教育に由来する。

　では同校の教育とは、どのようなものだったのだろうか。また出光佐三は、神戸高商で何を学んだのだろうか。

❖ 草創期の神戸高商と初代校長の理念

　出光が入学した神戸高商は、東京高等商業学校（以下、東京高商）に次ぐ日本で二番目の官立高等商業学校として設立された。その頃の日本では、イギリスとの間の不平等条約が改正され、国内商人による直接貿易が増大したこともあって、高度な貿易実務に対応できる人材の需要が高まっていた。初代校長の水島銕也は、1903（明治36）年の始業式で「本校の目的は、主として自ら大規模の商業又は外国貿易を経営すべき人物を養成するに在り」と述べている。彼は、法律や経済のような学理的研究だけではなく、学理と実際との関係を重視した教育を目指した。

　水島が商業教育活動を推し進めたのは、商業が社会に及ぼす重要性をはっきり認識していたからであった。彼はかつての横浜正金銀行における外国為替業務を通じて、日本が諸外国と肩を並べるほどの商業的実力をつけなければ、産業、財政、外交などの発展が大きく阻害されるという実感を得ていた。つまり、いくら農業や工

業が発展しても、外国貿易で外国商人たちの後れをとっていたら、利益の大部分を彼らに奪われてしまう。その結果、日本の財政はひっ迫し、外交力の裏付けとなる軍事力の増強もおぼつかなくなるというのである。このような考えは、当時「尚商立国論」と呼ばれていた。

3 実践力重視と商業の社会的意義

❖ 実践力重視の教育

草創期の神戸高商では、商業上の実践的能力の養成が重視されていた。たとえば「特殊実践科」という科目では、商店用具取扱、商品鑑識文章整理、商用書式記入等の練習、各自の設定したテーマで実業調査を行い、文書で報告するなどということが行われていた。

また、同校の外国語教育は、当時としては充実していたといえるだろう。英語のほかに第二外国語として清語（中国語）、フランス語、ドイツ語などのクラスがあり、ほとんどの外国語科目を外国人教員が教えていた。さらには海外でのフィールドワークも実施されていた。1905（明治38）年には語学の修練と東アジアに関する経済事情などの学術調査のため、夏季休業中に希望者のうちの数名が韓国と中国へ向かった。この修学旅行の人気は年々高まり、また日本経済の急速な発展にともなって、その対象フィールドはアジア諸国のみならず北米大陸にまで拡大することになった。

❖ 商業の社会的意義とその伝達

水島は商業で国家を盛り立てるという考えにもとづき、神戸高商での教育に携わっていた。商業で国家を盛り立てることは、商業が国家の目的に貢献することでもある。では、商業はどのような形で貢献するべきだろうか。このことに関して、神戸高商で精力的に研究を進めていた人物に内池廉吉教授がいた。出光が最も影響を受けた教員の一人である。

内池の考えた商業の社会的意義とは次のようなものである。まず「営利の追求」は、商業（に従事する企業）が真に目指すべきことであるとはいえない。商業に限らず、あらゆる営利企業は営利を追求するからであり、むしろそれはあらゆる営利

企業にとっての生存の条件となる。彼によれば、商業は、場所的・時間的に隔たって存在している生産者と消費者の媒介者となって、両者に便益をもたらさなければならない。つまり商品流通機構を組織・統制することによって、商業は間接的に生産を指導し、消費を調整する役割を担うべきだというのである。

　内池の議論は、主に国内市場を念頭に置いているが、外国貿易にも適用できるため、水島の理念とも矛盾しない。外国貿易に携わる日本企業が国際流通網を確保することは、日本経済の強靭化に寄与することになるからである。

　内池が明らかにした商業の社会的意義は、水島の理念とともに神戸高商の学生たちに受容され、彼らの職業人生を規定することが期待されていた。では、そうした神戸高商の指導者らの考えは、学生たちにどのように伝えられたのだろうか。同校における「友団」というインフォーマル組織に注目して考えてみよう。

　「友団」が組織されたのは、神戸高商の創立後まもなくのことである。学生たちは出身校別あるいは原籍地別に分けられ、それぞれが特定の「友団」に所属することになっていた。同校の雑誌『学友会報』は、組織化の理由を学生たちの徳義の修養のためと説明していたが、より正確には、神戸高商のメンバー全員（教員も含む）の一体感を醸成するための組織であったと考えたほうがよい。実際、「友団」の中で行われていたのは、教員との交流や学生同士の相互啓発・相互扶助であり、また水島は「友団」を「家庭」という言葉で形容することもあったからである。

　神戸高商のメンバーの一体感は、同校の理念の浸透を通じて達成されたと考えてよいだろう。なぜなら、水島を筆頭として教員たちが同校の理念を共有しているな

【写真3-2　水島銕也校長と校内風景】

出所：神戸大学附属図書館

ら、それは教場での様々な講義から学生たちに伝わるというよりも、「友団」にお
けるような密接な関係を通じて伝わってゆくものだからである。そして、同校の掲
げる商業の社会的意義を学生たちが認めるようになるなら、それはとりもなおさず
自らを、当時の拝金主義的な世相から距離を置いた、同校の一員であるとみなすこ
とにほかならない。

❖ 出光の経営方針への反映

　商業の国家への貢献という初代校長の理念、商業上の実践的能力の養成、生産者
と消費者を結びつけるという商業の役割の明確化、そしてインフォーマル組織を通
じた教員・学生の相互交流というのが、当時の神戸高商を特徴づける教育方針で
あった。

　これらはいずれも出光の会社の経営方針に反映されたといってよい。たとえば彼
は「士魂商才」について何度も語っているが、それは水島が説いた商業の国家への
貢献と同じ意味である。「―清廉潔白にして、無私の姿で責任を果たせ、士魂を
持って国のために働け、人を害せず商売をやり、金を尊重して事業をやれ、という
のが士魂商才です。出光の経営は、その士魂商才をやっておるということです」。

　また出光は、内池によって明らかにされた商業の役割をそのまま自社の経営方針
にあてはめた。消費者への細やかなサービスと適正価格の商品の提供を目的として
多数の支店や出張所を各地に設置したために、それは「大地域小売業」と呼ばれた。

　加えて、出光の評伝で必ず言及される「家族主義」という考え方にも触れておか
なければならない。第二次大戦の敗北で被った事業への大打撃にもかかわらず、一
人の従業員も解雇しなかった、という美談がその例である。ほかにも出光の会社に
は出勤簿がなく、また労働組合もなかったことなどがよく紹介される。「家族」に
そのようなものは不要だということなのだろう。

　しかしこれらにしても神戸高商における経験、というより次のような水島校長個
人から受けた感銘にもとづいているのである。「―（水島校長は）諸教授を弟子の
如く、学生を実子の如く思っていられた。校長と教授と学生との間に、肉親に等し
い血の温かさを通わせられ、校長の親切によって、私共は人間の温情のあり方を会
得した。ここに私は温情主義、家族主義の真髄に触れたのである」。

Column 3 - 1

渋沢栄一と水島銕也

　渋沢栄一は数多くの株式会社の設立に関与するなど、明治期以降の実業界の発展に貢献し、「日本資本主義の父」と呼ばれる人物である。渋沢は、会社だけでなく実業界の発展のために商業学校を支援したことでも知られている。

　なかでも草創期から大学昇格に至るまで深く関与したのが、現在の一橋大学につらなる東京高商である。渋沢は同校の商議委員などの立場から、存続発展のための基盤強化に尽力した。

　神戸高商の水島は、渋沢と深い関係にあった。水島は東京高商（前身の東京商業学校）の卒業生であり、1896（明治29）年に実業界から母校に戻って教鞭をとった。1898年には同窓会の常議員に選出され、そこで渋沢と浅からぬ関わりを持つことになった。たとえば、1898年に新任の校長が生徒たちによって排斥の対象となった時には、協力してその対応にあたった。また渋沢が唱道した同校の大学昇格運動の組織化に水島も深く関与した。

　両者の関係は、水島が1903年に神戸高商の校長に就任した後も続いた。実際渋沢は、神戸高商で少なくとも4回講演しており、同校の大学昇格運動を支援した。

　このような両者の関係を支えたと考えられるのが、東京高商の起源である商法講習所の時代から同校を率いた矢野二郎の存在である。矢野は実学を重視し、実業界の現場で活躍できる人材の育成に力を注いでいた。またそれだけでなく、実業界の求めに応じる形で、生徒たちの常識的な判断力の陶冶ならびに人格修養に意を用いていた。残念ながら、矢野のやり方を「前垂れ」式と揶揄する学理重視派の教員や生徒たちによって排斥運動を起こされてしまったが、渋沢と水島は、このような矢野の教育方針に深く共鳴していたのである。

　両者はそれぞれの活動の場において、実学と徳育を前面に打ち出す実践家であった。事実水島は、神戸高商において実学・徳育を重視する教育制度を導入し、また渋沢も、そのような教育理念を持つ様々な学校を支援したのである。

4 ビジネススクールの教育

❖ 現代のビジネススクールの実状

　現代のビジネススクールでは、どのようなことが教えられているのだろうか。ビジネススクールとは広義には、ビジネス実務を教える様々な学校や講座などをさす。しかし日本では、MBA（Master of Business Administration、経営学修士）取得課程をもつ経営大学院の意味で使われることが多い。

　大学院レベルのビジネススクールは、1908年に創立されたハーバード・ビジネススクール（以下、HBS）を嚆矢とする。したがってアメリカではすでに100年以上の歴史をもっているが、日本では1978年に慶応義塾大学が経営学修士コースとして社会人向けに２年制の修士課程を設けたのが初めてである。

　それまでにあった日本の経営系の大学院は、研究者育成という色彩が濃かった。しかし慶応ビジネススクールの設置をきっかけとして、ビジネスの実務を学ぶ専門課程が必要という機運が徐々に高まっていった。2003年には専門職大学院の設置を可能とする改正学校教育法が施行され、全国でビジネススクールの開設が相次いだ。2023年現在、一橋大学、京都大学、神戸大学など、MBA、MOT（技術経営）分野の専門職大学院が、国内に30以上設置されている（文部科学省調べ）。

　国内のビジネススクールに入るのは、社会人が圧倒的に多い。慶応ビジネススクールの修了生を対象とした2009年のアンケート調査などからは、MBA取得の最大の理由は、総合的な経営知識やスキルの取得であり、社内におけるキャリア・チェンジやキャリア・アップ、人的ネットワークの拡大などがそれに続く。

❖ ビジネススクールの教育法

　ほとんどのビジネススクールでは、ディスカッションを通じて事例を分析していくスタイルの授業運営が行われている。これを「ケースメソッド」と呼ぶ。

　世界的に著名なHBSで最初にケースメソッドが導入されたのは1912年のことであり、次のような形で運営されていた。①まず現役のビジネスマンを招いて「実務でぶつかっている問題」を語ってもらい、その問題をめぐってクラス内で討議を行う。②次に受講生たちは、各自の事例分析とその解決策をレポートとして提出する。

③そしてそれにもとづき、またビジネスマンを交えて討議する。

第一次大戦後にHBSで広く用いられるようになったこの方式は、1924年になると対外的にも知られるようになり、教育効果のあるビジネス教育方法のモデルとして、全米のビジネススクールに伝播していった（ユーイング、1993年）。

現在では現役ビジネスマンが話をする代わりに、「ケース」が用いられることが多い。ケースとは、解決されるべき問題を抱えた企業の事例のことであり、たいていは10〜20ページ程度の情報量である（付録にデータや写真が載ることもある）。よくみられるケースのパターンは、ある企業に所属する主人公が岐路に立たされており、何らかの決断を下さなくてはならない、というようなものだ。HBSでは、ケースの多くがアシスタントによって執筆され、教授陣が内容をチェックする。学生たちはどのコースを受講しても、大量のケースに取り組まなくてはならない。

❖ ケースメソッドの利点と限界

現在導入されているケースメソッドには、次のような利点があるとされている。第1に、学生たちは、多くのケースメソッドを通じて様々なビジネスの状況に触れることができる。第2に、論理的な思考の訓練がビジネスにおいて相手を説得するのに役立つ。第3に、ビジネス関係者のあらゆる利益を考慮する必要性—すなわち大局観の必要性—を学ぶことができる（ユーイング、1993年）。

他方でその限界も指摘されている。代表的な論者であるミンツバーグは、ケースメソッドでは限られた情報のみにもとづいて議論されるので「分析至上主義」に陥りやすくなるという。つまり彼は、与えられた情報を分析するだけでなく、さらにそれを深掘りするために、足を使って取材することが現実に近づくために必要だと主張しているのである。さらに、実行、リーダーシップ、倫理などの「ソフトスキル」をケースメソッドで養成することはむずかしいと指摘している。「ソフトスキル」とは、現実における多様で流動的な対人関係や現実の対集団関係の中で下される意思決定のスキルを指す。アンダーソンとエッシャーも、ケースメソッドでは、経営者のある決断が利害関係者へ及ぼす影響あるいは公共の福祉にもたらす貢献などを教えられないと述べている。したがって、ケースに盛り込まれている情報が現実より限定的であるとともに、常に固定的である以上、そのようなスキルを養成するには、どうしても現場で経験するほかない。

5　経営倫理教育

❖ 無視できなくなった経営倫理

　すでに示したようにソフトスキルとは、実行、リーダーシップ、倫理などの対人関係あるいは対集団関係のスキルのことである。いずれも企業家の組織づくりにおいて必要なスキルだと考えられるが、ミンツバーグがいうには、これらのスキルはこれまで軽んじられてきた。しかし後述するように、少なくとも倫理については、ビジネススクールにおいて2000年代に入ってからその重要性が認められつつあるようだ。ここでは、「ソフトスキル」の中の倫理に絞って、近年のビジネススクールの取り組みをみてみよう。

❖ 経営倫理の必要性が唱えられるようになった背景

　高橋浩夫（2016）によると、2012年時点のアメリカ大企業500社における最高経営責任者CEOの3人に1人はMBAをもっており、その割合は年々増えているという。とすると、高い社会的地位に就くことが多いMBA取得者を輩出するビジネススクールは、当然、社会に対する責任を負うはずである。

　ところが、2000年代初頭にエンロンやワールドコムの粉飾決算事件が発覚するまで、多くのビジネススクールがその社会的責任について真剣に考えることはなかったようである。元ダラス大学副学長のリンゼーの推定では、それら一連の不正事件が起こる前まで、ビジネススクールの学生たちは「富を最大化するための計算方法を学習することに、その時間の95％」を費やし、「道徳的な力を養うのに費やされた時間はわずか5％足らず」であった。またエンロン、ワールドコムの事件の後、HBSの学長が修了生に「経営倫理の重要性」を訴える手紙を出した話は有名である。

　高橋によれば、2002年以降、アメリカのビジネススクールのほとんどは、エンロン事件をケースとして取り上げたり、ビジネスエシックス（経営倫理）コースの開講あるいはカリキュラムの変更を進めたりしたという。

❖ 現代のビジネススクールの経営倫理教育

　ではビジネススクールにおいて、経営倫理はどのように教えられているのだろうか。2002年以降のアメリカの例を取り上げてみよう。

　たとえばHBSは、すべての学生に「リーダーシップと倫理」科目の履修を求めている。ダートマス大学では学生、教授、そして一般市民を巻き込み、近年の企業不祥事を題材にしたディベートの授業を取り入れている。またコロンビア大学やイエール大学では、経営倫理に関連する研究所あるいはセミナーを開設している。ユニークなところでは、ラトガース大学やメリーランド大学のビジネススクールがある。そこでは科目としての経営倫理を教えるだけでなく、その意義を肌で感じるため、収賄などの罪を犯した人と直接会話するための刑務所訪問を行っている。

　このように近年では、多くのビジネススクールが経営倫理教育に取り組んでいるが、その成果を測ることはむずかしい。芳しくない調査結果もでている。たとえば、エンロン事件後にHBSの学生を対象として同校教授のスヌークが実施した調査では、学生の3分の1が「善悪は、その判断基準次第である」と考えているだけでなく、「何人かが同じ行動を取っていれば、自分も同じことをしてかまわない」と考えていたことも明らかとなった。

　実際、経営倫理教育の成功を唱える学者よりも、その限界を指摘する学者のほうが多いようだ。ビジネススクールにおける経営倫理教育について、元イエール・スクール・オブ・マネジメント学長のポドルニーは、倫理科目が新設されたとしても他の科目と連動していない点で問題は残るという。たとえばマーケティングの教授がインターネット・マーケティングの手法を解説するにあたり、プライヴァシーに関する問題を議論に含めるとは限らない。それどころか、関心がないのか、あるいは専門外の領域に話が及ぶのを恐れてか、多くの教授がビジネスの規範について教えることを避けているらしい。

　先述したミンツバーグも、倫理のようなソフトスキルはMBA教育にうまく適合しないという。彼によれば、教授陣の大半はソフトスキルを「教える」のではなく、それを検討対象にして片づけようとする。ソフトスキルのコースを用意し、ソフトスキルに関する理論を構築し、ケースメソッドを使ってそれを説明しようとはしても、ソフトスキルを取り込んで血肉化することはしていないようなのだ。

Column 3 － 2

出光佐三のステークホルダー型経営

　ビジネスの世界では株主至上主義が長く席巻してきた。しかしこれが偏った考え方であることが認知されつつある。なぜなら近年、企業が株主価値最大化を第一義的に追求した結果、環境破壊や経済格差などを生み出していることが指摘されるようになってきたからだ。

　象徴的だったのが、2019年にアメリカの財界ロビー団体「ビジネス・ラウンドテーブル」が株主至上主義の問題点を指摘したことである。同団体を含め、アメリカでは大企業の政治家に対するロビー活動が盛んであり、その結果、株主至上主義の進展が加速してきた経緯がある。しかしそのような団体が方針を修正するほど、株主至上主義による弊害が目立つようになってきたわけである。

　「ビジネス・ラウンドテーブル」は、株主だけでなく様々なステークホルダーの利益にも配慮すべきだという考え方を表明した。しかしこの宣言について懐疑的な見方もある。たとえばHBS教授のペインは、①この声明を実行に移すためにはコーポレートガバナンスや経営手法の変更が必要になるが、その点の言及がないこと、②多様なステーホルダーの利益をどのように調整するのかについて答えていないこと、等々からその実現を疑問視している。

　この点に関し、出光佐三の経営には顧みるべき点があると思われる。彼は「仕事を通じて人が育ち、無限の可能性を示して社会に貢献する」ことを会社の存在意義とした。したがって経営者と従業員が一体となって社会に貢献するために、資金繰りや事業の拡張に際しては銀行の融資に頼り、部外者からの経営への介入をなるべく防ごうとした。またこの体制のもとでは、経営者と従業員が企業の舵取り役となるが、倫理綱領（人間尊重、金の奴隷となるな、生産者より消費者へ、等々）を自ら打ち出し、かつそれらを実践することによって、多様なステークホルダーからの信頼を得ようとしていた。

　このような出光の実践は、ある条件の下でステークホルダー型の経営が機能する可能性を示唆している。それは、会社の所有者である経営者が、従業員と一体となって社会貢献のために邁進することを鮮明にし、ステークホルダーにそれを認知してもらうということである。

6 おわりに

　現代のビジネススクールは、実行、リーダーシップ、倫理などのソフトスキルの養成に十分に応えているのだろうか。近年その重要性が注目されている経営倫理についていえば、修了生は高い社会的地位に就く傾向があるにもかかわらず、その地位に見合った倫理的判断を養うに足る十分な教育を受けているとはいいがたいのではないだろうか。

　では戦前の神戸高商の事例から、この課題に対して何らかのヒントは得られるだろうか。

　ビジネススクールの修了生が会社のCEO、アントレプレナーあるいはコンサルタントとしてビジネスの世界にもたらす革新は、直接的には彼ら個人の成功やその所属する組織の成功と関わりがある。だがその成功が持続する1つの条件は、ビジネスを取り巻く社会に対して何らかの形で貢献し続けることであろう。

　ビジネスパーソンは、医師や弁護士のように免許を必要とされるわけではないからといって、職業倫理と無縁な存在とはいえない。ビジネスパーソンが職業倫理を無視して個人的な成功だけを追求することを社会が広く是認しているとも考えられない。ポドルニーも「MBAは非常に大きな責任のある地位を占め、社会に巨大な影響を与えうるために、それが害をもたらす力はきわめて大きい」と述べている。草創期の神戸高商では、明らかにそのことが強く意識されていた。実際、水島が唱えた「尚商立国論」や内池が論じた商業の社会的意義は、同校卒業生の個人的な成功を称揚したわけではない。社会に対する彼らの責任を強調していたのである。

　明治・大正期の神戸高商のやり方は、古臭くて現代の風潮とそぐわない面もあるだろう。だが、その考え方自体が陳腐化しているわけではない。ドラッカーは社会を代表する組織としての企業のあり方を論じ、HBS教授のパイパーも1990年に次のように述べていたことを、現代に生きる我々は忘れてはならない。

　「経営教育は、何が人間の献身の対象としてふさわしいかについてのある種の知恵を、ある世代から次の世代へと伝えていく、1つの道徳的営為であるべきだ。専門職大学院にいる教員は、学生たちの高い達成能力と目的意識とを結びつけるのを（中略）手助けする機会をもつことができる。このように職業と個人の目的および主義とを結びつけることは、ある意味で卒業生たちのビジネス・リーダー

としての職業生活に興奮と価値を与える」。

？考えてみよう

1．出光佐三が企業家として社会に対して貢献したと考えられていることを調べて下さい。

2．テレビや雑誌等のメディアでも注目され、社会貢献を訴えている企業家がいます。しかしその場合の社会貢献とは何のことを指しているのか調べてみて下さい。

3．もし企業家が倫理的でなかった場合、どのような弊害が社会にもたらされると考えますか。実際の事例をもとに考えて下さい。

参考文献

D. W. ユーイング（茂木賢三郎訳）『ハーバード・ビジネス・スクールの経営教育』ティービーエス・ブリタニカ、1993年

日本経営倫理学会編『経営倫理入門—サステナビリティ経営をめざして—』文眞堂、2023年

H. ミンツバーグ（池村千秋訳）『MBAが会社を滅ぼす—マネジャーの正しい育て方—』日経社、2006年

M. アンダーソン・P. エッシャー（青木創訳・岩瀬大輔監訳）『MBAの誓い—ハーバード・ビジネス・スクールから始まる若きビジネス・リーダーたちの誓い—』アメリカン・ブック＆シネマ、2011年

次に読んで欲しい本

小倉昌男『経営学』日経BP社、1999年
高橋浩夫『戦略としてのビジネス倫理入門』丸善出版、2016年
P. F. ドラッカー（上田惇生訳）『企業とは何か』ダイヤモンド社、2008年

第**4**章

エキスパート・アントレプレナーシップ
―アントレプレナーはいかにして新事業を創造するのか?

第4章

1 はじめに

　現在は大企業と呼ばれるどのような会社でも、その創業者は、新たな事業を創造したアントレプレナー（企業家）である。例えば、パナソニックホールディングス株式会社（以下「パナソニック」、旧社名は松下電器産業株式会社）は、現在524社のグループ会社と23万人以上の従業員を擁し、8兆円以上を売り上げる（2023年時点）、日本を代表する総合電子機器メーカーである。その歴史は、創業者である松下幸之助が、家族と共に設立した松下電気器具製作所から始まった。

　ただし、創業者としての企業家が直面する環境は、大企業の安定した経営環境とは大きく異なる。新規の事業を生み出すプロセスでは、明確な市場機会や、確立された組織プロセス、十分な経営資源のいずれもが前提にできず、むしろ企業家自身がそれらを創り出す必要がある。こうした高い不確実性の中で、企業家はどのように行動するのだろうか。

　本章では、パナソニックの創業者である松下が、起業してから事業を成長軌道に乗せるまでの10年間に焦点を合わせ、企業家がいかにして新たな事業を創造するのかを考えてみよう。

【写真4 - 1　創業当時（満23歳頃）の松下幸之助】

出所：パナソニックホールディングス提供

2 松下幸之助による松下電気器具製作所の創立

❖ 22歳で大企業を退職しての独立

　松下は、1894年（明治27年）に和歌山県で生まれ、9歳から大阪の火鉢店、自転車店で奉公をした後、15歳で大阪電燈株式会社（現・関西電力）に内線係見習工として入社した。その後、16歳で工事担当者、22歳で検査員へといずれも最年少で昇格するが、検査員昇格の年に大阪電燈を退社し、翌1918年（大正7年）3月に、松下電気器具製作所を設立した。

　将来を有望視されていた大きな会社での仕事を辞めて、独立起業を決意した背景には、「実業で身を立てよ」という父の言葉と、自ら工夫改良したソケットを製造したいという強い思いがあった。もともと身体が弱かった松下は、20歳の時、当時日本人の死因第一位であった結核の初期症状と言われた肺尖カタルにかかり、早く独立して将来の方針を立てなければという気持ちが強まっていた。また、仕事の傍ら自ら苦心して改良したソケットの試作品を、上司である主任に酷評され、会社では採用してもらえなかった。そこで、「よし、やめよう。そしてソケットを、電気器具を製造しよう。万一だめだったら、そして失敗すれば再びこの会社へ帰ってこよう。そして生涯忠実なる従業員として働こう」と決心し、1917年6月15日に辞表を提出した。

　ソケット製造に着手した時、手元資金は100円（現在の30～35万円相当）に満たず、住んでいた平屋の二畳と四畳半のうち、四畳半を土間に落として工場とした。計画に賛同してくれた大阪電燈時代の同僚である林・森田の2人と、高等小学校を卒業したばかりの義弟・井植歳男が手伝ってくれることになったが、材料の調達、販売、製造方法については、まったくの暗中模索であった。

　資金は元同僚の友人Sから100円を借りることができたが、ソケットの胴体となる煉物の調合法がどうしてもうまく行かない。困っていたところに、この煉物を製造すべく研究している元同僚Tの噂を聞き、林と共に話を聞くと、もともと自分で器具を製造するつもりだったが事業が思うようにいかず中止していたといい、「君がやるなら」と調合法を教えてくれた。こうして、10月中旬には少数だがソケットを完成させることができた。

47

　ともかく電器店を訪問して製品を見てもらおうと、営業活動を開始したものの、10日ほど大阪市中を駆けずり回って販売できたのはわずか100個ほどで、金額にして10円にすぎなかった。更なる製品改良をしなければ売れないことがわかったが、それは資金的に非常に困難だった。それぞれ家庭を持っていた森田・林は他に職を求めたり、元の職場に帰ることになった。松下は、どうしてもこの仕事に見切りをつける気になれず、自分や妻の着物も質屋に入れるほど生活は困窮していたが、15歳の義弟・井植と2人だけで製作を続けていくことにした。

　そして12月に入った時、阿部電気商会から思わぬ依頼が舞い込んだ。それは、扇風機の大手メーカーである川北電気が、当時陶器製で壊れやすかった碍盤（がいばん）という部品を煉物で手がけるところを探しており、年内に1,000枚の見本を製造してほしい、との内容だった。幸い、その製造には新しい材料を使わず、煉物だけで作ることができたため、追加的資金もあまり必要でなかった。急ぎの仕事だったが全力をあげて製作・完納し、12月末には160円の売上、原価を引いても80円ほどの利益を得ることができた。

❖ パートナーと共に事業を拡大する

　碍盤の注文はその後も継続したため、松下は、改めて電気器具の製作考案を本格化したいと考え、翌年3月7日、大阪・大開町に妻と井植との3人で開業したのが、「松下電気器具製作所」であった。

　最初に製作したのは、「改良アタッチメントプラグ（アタチン）」という電気器具であった。当時の最新型を市価より3割安い価格で発売したところ売れ行きは非常に好調で、毎日深夜12時まで作業しても注文に追い付けない状況であったため、初めて4～5人を雇い入れた。次に考案発売したものは「2灯用差込みプラグ」で、当時便利な器具として売られていたものをさらに改良した製品は、アタチン以上の好評を博した。

　発売後しばらくして、大阪の吉田商店という問屋の主人が、「販売を一手に引き受けたい」と総代理店契約を持ちかけてきた。その申し出に、松下は次のように応じた。「あなたが一手に引き受けて発売しようと考えるならば、その効果のあるように工場設備を拡張したい。」そう言って、保証金3,000円の提供を要望したのである。吉田は承諾し、3,000円で設備投資をした工場では、やがて月産5,000～6,000個の生産体制が確立された。

　この「差込み」と「アタチン」の2つの製品は、会社の基礎となる売上を作り、

【写真4 - 2　改良アタッチメントプラグ（1918年発売）】

出所：パナソニックホールディングス提供

また松下電器は新しい型のものを、しかも非常に安く造る工場である、という評判を業界に確立することになった。創業した年末には、従業員が20名以上に達する盛況となった松下電器は、1920年（大正9年）に東京の営業拠点を設置、1922年（大正11年）には新工場を建設し、後の発展に大きな役割を果たす、自転車ランプの製造にも着手した。

❖ 偶発性を取り込み、コントロール可能性を拡大して、 事業を成長させる

　松下には、若い頃自転車店で長く働いた経験から、漠然と自転車部品を造ってみたいという気持ちがあった。工場経営者として日々仕事に自転車を使うようになると、当時広く使われていた自動車のローソク・ランプが風で消えやすく、その都度マッチで火をつける手間がかかるという問題を実感するようになった。電池ランプも既に存在したが、2～3時間で消耗してしまい、実用に耐える構造でもなかった。長時間消えることがなく、ローソクより明るいランプが出来れば、相当な数売れるのではないか。そう考えた松下は、自ら図面を引いて半年ほど夜遅くまで試作を繰り返し、30～50時間ほど点火し続ける「砲弾型電池式自転車ランプ」の試作品を完成させた。

　ランプは、独自に設計した砲弾型の木製ケース、金属部品、特殊型として組み直した電池から構成された。各部品の製造先も見つかり、1923年（大正12年）6月末から発売を開始した。しかし、大いに売れるという期待に反して、得意先のど

の問屋も取扱いに乗り気でなかった。特殊電池を採用しているため、スペアの電池を買うのに困るため売りにくい、というのがその理由だった。長時間の点灯を可能にする特殊電池の採用は、むしろ長所と考えていたが、問屋や電器店は標準型電池に囚われすぎて、それを短所と錯覚している。そう考えた松下は、販路を電器店ではなく、それまで取引がなかった自転車店に変更し、熱心に営業活動をしたが、反応は電器店以上に惨めなものだった。実は、自転車店では過去にも出たばかりの電池ランプを取扱った経験があり、その品質が良くないことに懲りて、電池ランプ自体を信用していなかったのである。

　通常の営業活動では八方塞がりとなり、在庫ばかり積み上がっていった。その状況を踏まえ、松下は、「製品の実用性を知ってもらうために、販売よりもまずは使ってもらう必要がある」と考えた。そして、資金の続く限り大阪中の小売店に、2～3個のランプを代金請求せずに置かせてもらうことを決めたのである。ランプを預ける際に1個を点火して、小売店には「必ず30時間以上連続点火するので、実用性を認められたら残りの品物を売ってください」、「もし説明書通りの時間がもたず、不良品であれば代金は支払っていただかなくても結構です」と伝えた。この提案は小売店にも歓迎され、1ヶ月で預けたランプは4～5千個にものぼったが、次の注文も続々と入るようになり、確実に回収できる見込みも立った。やがて小売店だけで月に約2千個の販売が実現されると、問屋でも松下電器の方針通りに取扱うようになった。

　松下が次に考案したのは、1927年（昭和2年）発売の、角形の「ナショナルランプ」であった。製品名には、国民の必需品になろうという思いが込められており、また先行する砲弾型ランプの販売を任せていた問屋から販売権を買い戻してまで、自ら全国発売を決意した商品であったため、販売活動には自然と力が入った。

　宣伝方法として考えたのが、1円25銭のナショナルランプを1万個、無料で市場に配布するアイデアだった。そのためには、消耗品の電池も含めて無料で提供しなければならない。そこで電池を製作してもらっている東京の岡田乾電池の主人を訪ねて、「電池をタダで提供して欲しい」と率直に伝えた。驚き困惑する相手に、松下は次のように続けた。「1万個も理由なくタダでもらおうとは思いません。今は4月ですが、年内に電池を20万個販売してみせますので、その時に1万個まけてください。目標に1個でも届かなければ、まけていただきません。その約束さえしてくだされば、私は今もらったものとして、ランプと共に1万個を市場にバラまきます。」相手はようやく得心して快諾してくれた。

【写真４-３　砲弾型電池式ランプ（左）とナショナルランプ（右）】

出所：パナソニックホールディングス提供

　惜しげもなく見本を無料提供しはじめると、千個ほど配布した段階で注文が相次ぎ、その年の12月までには約束の20万個を優に超える47万個以上の電池が販売された。その後も、電池ランプの売上は著しく増大し、翌年末にはランプ３万個、電池10万個をひと月で売上げるほどになった。松下電器では、ランプ以外に新たに着手した電熱器事業も好調で、1928年（昭和３年）末には、各部の販売金額は約10万円、全従業員数は約300人を擁するまでに事業を拡大した。そして創業から10年を経た1929年（昭和４年）、社名を「松下電器製作所」に改称。綱領・信条を制定、基本方針を明示し、その後のさらなる成長に向かうことになった。

3 エキスパートの企業家の思考様式

❖ コーゼーションとエフェクチュエーション

　新事業を創造するアントレプレナー（企業家）には、様々な問題に対する試行錯誤が求められる。従来の経営学では、「コーゼーション（causation：因果論）」と呼ばれる、目的に対して最適な手段を追求する予測合理的な思考が重視されてきた。しかし、企業家が過去に経験や前例のない事業を行う場合には、実現したい成果はあっても何をすべきか分からない、あるいは、何をすべきか見えていたとしても必要な資源を持たない、といった制約に直面する。こうした問題にコーゼーションで

対処することには限界があるため、時に、製造方法の確立や資源の調達、販路開拓などを、松下のように手探りで進めていかざるを得ない。

　こうした不確実な状況で、企業家はどのように考え、行動するのか。S. サラスバシーは、エキスパートの企業家に対する研究から、彼らがコーゼーションとは対照的な、「エフェクチュエーション（effectuation：実効理論）」と呼ばれる思考様式を活用することを明らかにした。

❖ エキスパートの企業家の思考様式の発見

　エキスパートの企業家とは、新たな事業創造の豊富な経験を持ち、コーゼーションが機能しない不確実な環境で、高い成果を実現した人々である。彼らの思考様式として体系化されたエフェクチュエーションの大きな特徴は、コーゼーションが重視してきた「予測」ではなく、「コントロール」によって、不確実性に対処しようとすることである。つまり彼らは、不確実な未来を予測しようと努力するのではなく、コントロール可能な要素に集中し、さらにコントロール可能性を拡大することで、自ら望ましい未来を構築しようと努力していたのである。具体的には、エフェクチュエーションは、次の5つの思考様式の組み合わせによって構成される。

4 不確実性にコントロールで対処するための論理

❖ 手中の鳥の原則

　まず、エキスパートの企業家には、最初から機会や目的が明確でなくとも、彼が既に持っている手持ちの手段（資源）を活用して、具体的な行動のアイデアを生み出す意思決定のパターンが見られた。このように目的主導でなく手段主導で「何ができるか」を発想し着手する思考様式は、「手中の鳥（bird-in-hand）の原則」と呼ばれる。

　とりわけ企業家は、「私は誰か（Who I am）」・「何を知っているか（What I know）」・「誰を知っているか（Whom I know）」を、典型的な手持ちの手段（資源）として活用する傾向があった。松下の独立起業も、明確な事業機会の認識というよりも、事業で身を立てるという志（私は誰か）と、ソケット改良のアイデア（何を知っているか）から生み出された行動であり、また製造技術の確立には、煉

> **Column 4 – 1**
>
> ## 発話プロトコルデータによる意思決定分析
>
> サラスバシーは、1997年の博士課程在学中に実施したエキスパートの起業家を対象とする意思決定実験から、エフェクチュエーションの発見に至った。彼女の師は、ノーベル経済学賞受賞の研究者、ハーバート・サイモンであった。サイモンから、認知科学における発話プロトコルデータ（頭の中の考えを発話してもらうことで得られる言語的データ）の分析手法を学び、企業家と銀行員の異なるリスク管理のアプローチを研究した後に取り組んだのが、エキスパートの企業家が問題解決に取り組む際のヒューリスティクス（経験則）を明らかにすることだった。
>
> 調査対象は、米国の成功した起業家リストの掲載者で、創業経営者としてフルタイムで10年以上働き、1社以上を株式公開した人物という条件で絞り込まれたエキスパートの起業家であった。彼らは、仮想の製品を取扱う新会社を設立する状況設定を与えられ、その際に直面する10の典型的な問題についての意思決定を求められた。245名の候補者全員に参加依頼をし、承諾した45名のうち27名分の発話プロトコルデータを分析した段階で、エフェクチュエーションを構成する5つの特徴的な思考様式が抽出された。
>
> 各思考様式には、特徴的な名称が与えられた。「手中の鳥」・「レモネード」は、英語の格言「A bird in the hand is worth two in the bush.（手中の1羽は、藪の中の2羽の価値がある）」と「人生が酸っぱいレモンを与えるなら、レモネードを作れ（When life gives you lemons, make lemonade.）」に由来し、不確実な資源の追求ではなく既に手にしている手段を活用すること、予期せぬ事態をテコにして活用すること、をそれぞれ意味する。「クレイジーキルト」は、パートナーシップのあり方を、自発的な参加者がランダムな色や形の布切れを繋ぎ合わせて作品を作るパッチワークキルト制作に喩えた名称であり、「飛行機のパイロット」は、コントロールに集中して不確実性に対処する企業家を、飛行機を操縦するパイロットに喩えた名称である。

物の研究をしていた元同僚T（誰を知っているか）が重要な役割を果たした。

❖ 許容可能な損失の原則

ただし、手持ちの手段から発想された行動は、必ずしも成功するわけではなく、

その結果には不確実性が伴う。その際、エキスパートの企業家は、期待されるリターン（期待利益）ではなく、逆に最悪の事態で起きうる損失を考え、それが許容できる限り行動にコミットする傾向が確認された（「許容可能な損失（affordable loss）の原則」）。松下が勤め先を辞めて起業した際にも、必ず成功するという保証はなかった一方で、「万一失敗すれば再びこの会社へ帰ってこよう」と考えていた事実から、彼にとって起業の失敗は、許容可能な損失の範囲にとどまるものだったのではないかと解釈できる。

❖ クレイジーキルトの原則

　こうした思考によって企業家は、たとえ結果が不確実でも、新たな行動にいち早く着手できる。そして行動することで他者と相互作用し、事業の創造に不可欠な、様々な「パートナー」の獲得を目指すのである。

　事前に顧客や競合を定義して市場調査や競合分析を行うコーゼーションの発想とは異なり、エキスパートの企業家には、コミットメントを提供可能なあらゆるステークホルダーと交渉してパートナーシップの構築を模索する傾向が見られた（「クレイジーキルト（crazy-quilt）の原則」）。ここでのパートナーには、顧客やサプライヤー、出資者など様々な立場の協力者が含まれるが、そうしたパートナーの参画により、彼らの持つ手段（資源）や目的が新たにプロセスに加わるため、企業家はパートナーと共に、より大きな「何ができるか」を描き出すことが可能になる（図4－1）。

　また、あるパートナーが提供するコミットメントは、1つではなく多様でありう

【図4－1　エフェクチュエーションのプロセス】

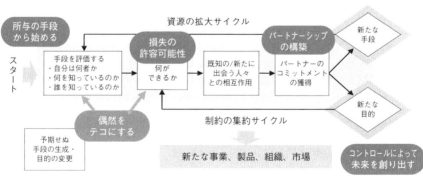

出所：サラスバシー（2015）、p. 134をもとに筆者作成

る。松下が、総代理店に名乗りを上げた吉田商店から3,000円の保証金の提供を受けたことは、自発的に参画した「流通のパートナー」が新たなコミットメントの提供により、「出資者」という別の役割も担った事例だと言える。

❖ レモネードの原則

　企業家による事業創造プロセスでは、思わぬ手段や目的がパートナーからもたらされることもあれば、失敗を含む想定外の結果も起きうる。最適な手段を追求するコーゼーションの発想では、こうした予期せぬ事態は回避すべきと捉えられがちであるのに対して、エキスパートの企業家は偶然を受け入れ、それを新たな行動の原料として積極的に活用する傾向があった（「レモネード（lemonade）の原則」）。

　売れると確信した砲弾型ランプが流通業者から拒否された結果は、松下にとって好ましくない予期せぬ事態だったと言えるが、その経験があればこそ、まずは無料で使って実用性を認めてもらうという革新的な販売促進の手法が考案され、非常に大きな売上を実現したナショナルランプの販売でも活用された。エキスパートの企業家は、偶然をポジティブにリフレーミングすることで、失敗や思うようにならない現実ですら学習機会と捉え、新たな行動の中でそれを活用するのである。

❖ 飛行機のパイロットの原則

　以上の4つの思考様式を組み合わせ、図4－1のプロセスを拡張しながら回すことにより、エキスパートの企業家は、予測が不可能な不確実性の下でも、新たな事業や製品、組織、市場の創造に至る。こうしたエフェクチュエーションのプロセス全体を支えるのは、自らがコントロール可能な要素に行動を集中し、予測ではなくコントロールによって望ましい結果を導こうとする思考様式であり、「飛行機のパイロット（pilot-in-the-plane）の原則」と呼ばれる。

　松下が著書で述べる次の言葉は、まさに未来を予測するのではなく自ら作り出すことで、不確実性に対処する企業家の世界観を反映していると言える。

　　「私は、確実性や不確実性というのは、基本的に人間が決めるものだと思う。…こういうふうにやったらこうなるということは、神様が決定するのではない。誰が決定するのでもない。われわれ人間が心に描いて、それを実行すればいい。そうすれば確実性が出てくる。確実にそうなるからである。」

（松下 2014, pp. 110-111）

5 「The Ask」の実践を通じた企業家的熟達

　エキスパートの企業家がそうでない人々よりもエフェクチュエーションを活用するという事実は、アントレプレナーシップにおける熟達の存在を示唆する発見でもあった。熟達とは、意図的な練習を繰り返すことで、高いレベルのパフォーマンスを発揮するエキスパート（熟達者）になる過程を意味する。ただし、企業家のパフォーマンスはあまりにも多くの予測不可能な出来事や意思決定によって左右されるため、どのような活動の練習が熟達に繋がるか、を特定することの困難性が指摘されてきた。

　しかし、パートナーのコミットメントの獲得によって継続的にコントロール可能性を拡大し、卓越した成果を生み出すことに繋がる、というエフェクチュエーションのプロセスを踏まえると、新しい事業を創造するために必要な有形・無形の様々なインプットの提供を他者に問いかける行動（The Ask）こそが、企業家的熟達の基礎と考えられる。

　企業家が、「誰に」・「何を」問いかけるかは時々の状況により多様でも、「どのように」問いかけるかは、継続的な実践とフィードバックを通じた上達が可能である。例えば、初心者の段階では欲しいものを一方的に求めることしかできなくとも、経験を積みながら学習することで、相手が進んで参画できる条件をオープンに模索する、共創的な問いかけへと進化する。それにより、より多くのパートナーからのコミットメントが獲得できれば、企業家のコントロール可能性は拡大し、より高いパフォーマンスを実現できる。

6 おわりに

　企業家は、予測では対処できない様々な問題に日々直面するが、コントロール可能性に集中してそれを拡大する活動を通じて学習し、エキスパートに近づいていく。

　彼らが新たな事業を創造する際に活用するエフェクチュエーションの論理は、企業家としての経験を持つ人以外も活用可能であり、また創業期以外でも有効であると考えられる。それは、コーゼーションが機能しないような不確実性の高い状況に

第4章

Column 4 － 2

エキスパートになるために必要な練習

　エキスパート（expert；熟達者）という言葉は、「experience」や「experiment」と同じ語源を持ち、経験を積みながら学習し、卓越したパフォーマンスを発揮するようになった人を指す。

　熟達領域には、チェスやピアノ演奏のように、練習可能な具体的活動とパフォーマンスとの因果関係が比較的明確な「タイプ１領域」と、パフォーマンスがあまりにも多くの予測不可能な出来事や決定に左右される「タイプ２領域」がある。アントレプレナーシップの熟達領域は後者に対応するため、具体的にどのようなタスクや活動が高いパフォーマンスを向上するのかの特定は、困難であるとされてきた。

　これに対してサラスバシーらは、他者との相互作用を通じて、企業家が必要な様々なインプット（売上や、原材料や資金などの資源、助言やネットワークなど）の提供を問いかける行動（＝The Ask）こそが企業家に欠かせない要素であり、熟達の基礎になると主張した。実際に、何らかのコミットメントを得るための「The Ask」には、学習とスキル修得の機会を提供する「意図的な練習（deliberate practice）」や「目的のある練習（purposeful practice）」の要件が備わっている。

　目的のある練習であるためには、①パフォーマンスに関連したタスクに分解または変換されている、②活動は反復練習が可能である、③パフォーマンスを向上したいという大きな目的によって動機づけられている、④パフォーマンスに関するフィードバックが得られる、⑤練習内容は練習者のスキルレベルを考慮して設計される、⑥練習内容は、現在の熟達レベルを少しだけ超えた「最近接発達領域」内のものである、といった条件が求められる。意図的な学習では、⑦パフォーマンス達成のために他者をうまく訓練した経験のある教師によって監督・設計される、が要件に追加される。

　コミットメントを獲得するため問いかけ（The Ask）を実践し、経験的学習を繰り返すことで、エキスパート・アントレプレナーに近づいていくことができる。

適用可能な意思決定の一般理論であり、既存組織における新たな事業創造や市場創造を含む、不確実性を伴う実践の中で、誰しもが経験的に学習し、活用することができる。

　ただし、企業家が創り出した事業が成長する過程では、環境の予測可能性も次第

に変化していく。そのため、例えば安定した顧客基盤が形成され、外部のパートナーや競合企業との関係性も確立される段階になると、環境分析に基づいて、自社の優位性を活かした最適なアプローチを追求するコーゼーションの発想が重要になる。事業を成長・拡大していく段階では、予測可能性に集中するコーゼーションと、コントロール可能性に集中するエフェクチュエーション、どちらか一方ではなく両方の論理を理解して、直面する問題に応じて使い分けることが重要である。

? 考えてみよう

1．現在は大企業と呼ばれる会社を一社取り上げ、その創業期について調べてみよう。どのような企業家の行動が、エフェクチュエーションに対応すると考えられるだろうか。
2．あなた自身の手持ちの手段（資源）に基づいて、新たな事業のアイデアや、それを実現するための具体的なアプローチを発想してみよう。
3．他の誰かに対して、あなたが必要とする何らかのコミットメントの提供を、許容可能な損失の範囲で、実際に問いかけてみよう。行動の結果から、どのような気づきがあったか、を議論してみよう。

参考文献

松下幸之助『松下幸之助：私の行き方考え方（人間の記録）』日本図書センター、1997年

松下幸之助『人を活かす経営（PHPビジネス新書 松下幸之助ライブラリー）』PHP研究所、2014年

サラス・サラスバシー（加護野忠男監訳、高瀬進・吉田満梨訳）『エフェクチュエーション：市場創造の実効理論』碩学舎、2015年

次に読んで欲しい本

金井壽宏・楠見孝 編『実践知―エキスパートの知性』有斐閣、2012年

吉田満梨・中村龍太『エフェクチュエーション：優れた起業家が実践する「5つの原則」』ダイヤモンド社、2023年

米倉誠一郎『松下幸之助：きみならできる、必ずできる（ミネルヴァ日本評伝選）』ミネルヴァ書房、2018年

第 II 部

多彩なアントレプレナーシップ

第**5**章

ファミリー
アントレプレナー
―ファミリー・ビジネスの伝統と革新とは?

第1章
第2章
第3章
第4章
第5章
第6章
第7章
第8章
第9章
第10章
第11章
第12章
第13章
第14章
第15章

1 はじめに

　創業者一族で代々事業を承継するファミリービジネスは数多くある。家族数名の個人経営もあれば、法人化した中小企業、更なる事業発展を目指して株式市場に上場し、株式が分散した後も一族が代々経営を担う大企業も珍しくない。また、創業者が始めた酒造、旅館、建設といった事業を継続している例も推挙にいとまがない。私たちは、ファミリービジネスにどのようなイメージを持つだろうか。

　保守的な経営、強い力を持つワンマンなオーナー、縁故主義、何の変化もなく継続する事業などをイメージする人も多いだろう。ただし変わらない事業に見えても、環境変化に応じてファミリー経営者が様々な工夫を行い、時には大胆に変革を行う例も見られる。

　日本の医薬品業は大阪の道修町の薬種商から始まり、自社開発を進めて規模を拡大した例が多く、大企業となった例もある。市場規模はそれなりに大きく、商慣習や制度に守られて自国中心主義で成長できた。しかし、21世紀に入ってM&Aを繰り返すビッグファーマと呼ばれる外資系企業のプレゼンスが増すにつれ、生き残りをかけて経営のあり方を見直す日本企業が増え始めた。

　ここでは、ファミリービジネスが多い日本の医薬品業で、武田薬品工業の事例をもとにファミリーアントレプレナーシップについて考える。大阪の道修町という地域でどのように医薬品関係のビジネスが起こり、ファミリーがいかにアントレプレナーシップを発揮し、事業を発展させてきたのかを見てみよう。

2 武田薬品工業

❖ 創業と成長

　1781年、薬種仲買商近江屋喜助商店からのれん分けを許された近江屋長兵衛は、薬種商近江屋長兵衛商店を開業した。これが今日の武田薬品工業の始まりである。開業地の大阪の道修町は、100件近く薬種商が集まる集積地であった。開業当初は主に和漢薬を取り扱っていたが、4代目長兵衛（分家の初代近江屋長三郎の三

男）は洋薬に事業機会を見出し、西洋の取引商を通じて仕入れ、販売するようになった。当時の洋薬はドイツ製が多かったが、1914年に第一次大戦が勃発し、同国が敵国となって輸入が途絶え始めた。この機会にドイツ以外の国からも仕入れた。加えて、自社製造を始めるために武田製薬所を設置した。

　1925年に社長に就いた5代目兵衛は、武田長兵衛商店と新薬開発も手掛ける武田製薬株式会社（1918年武田製薬所等を母体として設立）を合併し、株式会社武田長兵衛商店とした。また1926年には社是にあたる「規」を定めた。これは聖徳太子の教えに感銘を受け、「和を以て貴しと為す」に始まる「17条憲法」に基づいて経営管理を明文化したものである。

　武田長兵衛商店は1943年に武田薬品工業と改称し、6代目長兵衛が経営者となった。1950年代には、外資の医薬品業と緊密な関係を築いて合弁会社を設立した。外資の参加理由は、販売網の活用にある。例えば武田や塩野義製薬は、卸屋や小売店の系列化を進めて自社製品の流通拡大を図った。外資のみならず新規参入の医薬品業は、既存の医薬品業と卸の関係が強固なため、自社製品を扱ってもらうことが難しかった。武田の合弁設立の理由は、「研究開発力の相互補完をはかり、対等の立場に立っての新技術と新製品の創製」（武田薬品工業、1984）であった。

　1960年代に入り、優良な医薬品の開発を進め欧米への進出を模索し始めた。市場進出の準備として、1961年にニューヨーク駐在所、翌年にはドイツに同様の機関を設置した。1967年には販売強化を企図し、全額出資のTakeda USAを設立した。加えて、食品や化学品、化粧品の各事業にも力を入れ、事業制組織を採用するなど多角化を推進した。

　このように、社業の発展に尽くした6代目長兵衛は、1974年に小西新兵衛に社長を譲り会長となった。しかし、1980年に6代目長兵衛会長、次期社長候補の長男武田彰郎が続けて亡くなった。そのため、1981年に一族以外の倉林育四郎が社長に就いた。同族以外の社長は1993年に6代目長兵衛の三男・武田國男が就くまで続いた。

【表5-1　ファミリー経営者の事業展開】

4代目武田長兵衛	5代目長兵衛	6代目長兵衛
和漢薬販売→洋薬販売	規の制定、製造強化、開発着手	系列化、合弁設立、海外進出、多角化

出所：筆者作成

3 ファミリービジネスの戦略とアントレプレナーシップ

❖ スリーサークルモデル

　創業者一族とビジネスの関係は、何代かの承継を経て変化することも多い。こうした関係性とその変化を分析する最も基本的なモデルとして、スリーサークルモデル（図5‐1）がある。このモデルは、ファミリービジネスと関わる主要なアクターのポジションを3つのサークルとその重なりで示している。

　スリーサークルモデルでは、（1）ファミリー、（2）オーナーシップ、（3）ビジネスといったサブシステムとそれらが互いに重なり合う部分（4）から（7）で属性が区別され、アクターは7つのセクターのいずれかに属する。

　スリーサークルモデルは、実務的な面から広く受け入れられた。どのような役割のアクターなのか（例えばビジネスに関わる人物が創業者一族であるか否かで対処方法が異なる場合がある）、人間関係の対立、役割上の難題、優先順位などを理解し、ファミリービジネスに内在する複雑な相互作用の分析に役立ち、実際に何が起きているのか、その原因は何かを理解することにつながるからである。

【図5‐1　スリーサークルモデル】

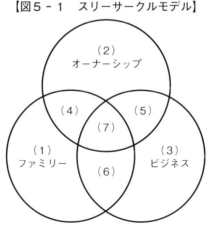

出所：ジョン・A. デービス、ケリン・E. K. ガーシック他（1999）
　　　『オーナー経営の存続と継承』p. 14.

　1963年の有価証券報告書を見ると、持株約２％の６代目長兵衛社長、約６％の長男彰郎（1957年入社）がともにビジネスに携わった。つまり（7）のポジションであった。６代目長兵衛は、そのポジションを活かし事業を展開したのである。

❖ 4Cモデルとファミリービジネスの戦略

　ダニー・ミラーらは、スリーサークルモデルの（6）や（7）のアクターが関わるファミリービジネスで、高業績かつ永続性をもつ欧米企業24社の事例をもとに「4Cモデル」を提唱し、その経営特性を明らかにした。

　４つのＣの１つ目は、継続性（Continuity）である。長く存続するファミリービジネスは、先代から引き継いだミッションの達成に継続して情熱的に取り組む。さらに、環境変化に対応できるよう、ミッションの達成に必要な能力開発に長期的な投資を行う。

　２つ目は、コミュニティ（Community）である。企業活動の中核的な価値観を従業員に浸透させて組織をまとめ上げる。一方、彼らの主体性を引き出すことも忘れない。

　３つ目は、コネクション（Connection）である。ビジネスパートナーや顧客、そして広く社会一般に永続的でオープンな互恵関係を築いている。この関係性は、期待と広がり、潜在的な可能性において一時的な市場との関係や契約による取引関係を超えるものとなる。

　４つ目は、コマンド（Command）である。ファミリー経営者は独自のやり方で素早く行動し、環境変化に対応して経営活動を刷新することもある。一方で経営者を支えるチームに権限を与え、経営者の意思決定を補完する。

　これら４つのＣは、その１つに頼るのではなく、相互補完関係になれば効果的な戦略となる。ただし、４つのＣは本来的には緊張関係にある。ミッション達成の流れに関わる継続性は、経営活動とその方向性の自由さに関わるコマンドと緊張関係にあり、永続的ミッションは、自由なコマンドによる刷新と活性化が求められる。組織内部の結束に関わるコミュニティは、外部の利害関係者や市場との関係に関わるコネクションと緊張関係にあり、コミュニティ隔絶化（組織内部の崩壊）のリスクは、市場との緊密な関係によって打ち消される必要がある。こうしたダイナミックな緊張関係こそが、競争優位性を持つファミリービジネスの中核にある。

　ダニー・ミラーらは、４つのＣの構成要素を主要なＣと補完的なＣに区分し、長く存続するファミリービジネスの５つの戦略を見出した。主要なＣと関連づけて説

明しよう。

　第1は、屋号や創業期から続く商品を冠としたブランド戦略である。この戦略はブランド構築と維持に投資を継続し、コミュニティにおける価値観の共有が優先され、企業イメージのコントロールに寄与する。

　第2は、熟練技術を中核とするクラフトマンシップ戦略である。継続的な修練による卓越性の追求、そして個々人だけでなく、組織内部（コミュニティ）での訓練に基づく技術や製品・サービスの質の向上などが戦略を支える。

　第3は、生産や販売での卓越した効率性や合理性を競争優位の基盤とするオペレーション戦略である。卓越したビジネスモデルとインフラに投資を続ける継続性と利害関係者との優れた協力関係（コネクション）が戦略を支える。

　第4は、独自のスキルや高い研究開発力を有し、画期的な新製品を連続して生み出す能力を基盤とするイノベーション戦略である。独創力、スピード、勇気などの経営者のコマンドが効き、さらに職務範囲の自由度や協働の組織文化の形成などコミュニティによる経営者の意思決定の補完が機能する戦略である。

　第5は、環境変化に対応するため、新事業に進出し、業態を変えるディールメーカー戦略である。大胆で相互補完的な経営陣（コマンド）やチャンスの発見と実現を可能とする人脈やネットワークの拡大につながるコネクションを有する戦略である。

4　創業者一族の改革：武田國男の改革

❖ 医薬品業とファミリービジネス

　日本のファミリービジネスは、欧米と比較してユニークな特徴が見出せる。オーナーシップを持たない、もしくは持っていたとしても株主総会をコントロールできる程ではないが、同族が経営する例がある。スリーサークルモデルに従うと（6）やそれに限りなく近い（7）に該当する。特に医薬品業ではその傾向が顕著に見られた。

　ファミリー経営者には、承継した家業にコミットメントして存続を優先し、長期的視点に立ち経営を行うという特性がある。医薬品業の特徴として、医薬品の研究開発の成功確率は、他の業界と比較して極端に低いが、成功に導くために多額の投

資を継続する必要がある。経営者は、会社の存続と発展のために長期間リスクに耐える覚悟が不可欠なのである。こうした業界の特徴とファミリー経営者の特性には親和性があるため、医薬品業にはファミリービジネスが多いとされる。では、開発が成功するまで投資を続け、リスクに耐えるだけが、ファミリー経営者の役割なのであろうか。

❖ 戦略の転換と事業の再編

　日本の医薬品の取引システムは、国民皆保険制度の下で整備され、医薬品業、医薬品卸、医療機関や薬剤師らの機能分離と協働によって安定してきた。その取引システムや商慣習は、外資の医薬品業の参入障壁となり競争を制限するとともに、卓越した医薬品でなくても必要以上の消費を生み出す効果があった。

　小西新兵衛以降、武田薬品工業では同族以外の社長が続いた。武田では1970年代に開発し、国内でよく売れた抗生物質（例えば、タケスリンやパンスポリン）を海外展開の主力商品と位置付けて米国工場を建設し始めた。現地では、他社から新しいタイプの抗生物質の販売が予定されていた。米国子会社では、本社計画を疑問視する声があがった。

　同社に赴任していた國男は、疑問視する声に耳を傾け、感染症の大家にそうした策の是非を問うた。「あなたは武田長兵衛の息子か。それなら会社の株を持っているだろう。それを売ってから始めることだ」（武田、2005）と進言された。國男は意思を固め、本社役員ではないにも関わらず取締役らに計画の中止を説いた。当初は計画続行の意見が多数を占めたが、國男に押された小西新兵衛会長の説得で計画は中止となった。そして開発段階のシーズに投資を集中した。その１つには後に国内外で爆発的に売れた前立腺がん薬リュープリンのシーズがあった。

　1993年、國男が社長に就いた。米国赴任前は、食品事業部など傍流の事業部に配属され、期待値は低かった。しかし、抗生物質の輸出中止を進言して以来、社内での存在感が増し、1987年に取締役、1988年に国際事業本部長に抜擢された。そして小西新兵衛会長の強い推薦により新社長に就任したのである。

　國男はまず、武田薬品工業の将来のあり方を明確に示した。具体的には、①国内市場を中心とした多角化から、グローバル市場で勝ち残れる研究開発型の医薬品業となることであり、そのために高付加価値化を実現する経営を進める。②経営資源を医薬品業に集中する。③機能主義に基づき人員を整理するという３つの基本方針を打ち出したのである。②と関連する事業構造の再編は、６代目長兵衛時代に強化

された多角化の否定であった。武田姓の一族が中堅幹部に就く事業も再編に含まれていたが、それでも実行したのである。

　当時の日本では、合弁会社の多くが解散となり、外資は独自路線で日本市場にアプローチし始めた。また薬価が加速度的に引き下げられた。これらの変化により、拡大が見込めない日本市場で外資と競合するようになった。

　國男の社長時代には、主力４品目（リュープリン、タケプロン、アクトス、ブロプレス）によって全社の業績が飛躍的に伸びた。彼はその要因を次のように述べている。「抗生物質で米国市場に進出する計画を中止し、抗がん剤リュープリンを発売したことだ。この薬の収益で糖尿病薬などの現在の主力商品を開発することができた。リュープリンがければ今の武田はない」（日経新聞2009年６月17日、11ページ）。

　國男は、国内でしか売れない医薬品に頼っていた開発とその製造のオペレーション、さらにシステム化された流通を通じて病院にそれを押し込むといったオペレーション、それらから脱却し、真の研究開発型の医薬品業へと改革を進めたのである。

5　経営のグローバル化：武田國男退任後の武田薬品工業

　『2022年版ファミリービジネス白書』によれば、日本の上場企業の49.3％がファミリービジネスである。医薬品業の売上高上位企業では、エーザイの内藤晴夫が長く社長に就いているが、その他は専門経営者や内部昇進の経営者が舵取りをしている。

　ファミリー経営者が後継者に一族を指名しない理由には、後継者がいない、経営者の資質が備わっていない、一族以外に優秀な人材がいるといったように、企業の個別事情によるところが大きい。環境変化に対応するために、ファミリービジネスが再構築を迫られた時、遂行できる人物がいなければ、ファミリー以外の人物に経営を託すほかない。

　例えば日本を代表する企業の１つであるトヨタ自動車は、2023年４月に創業者一族の豊田章男社長が会長に退き、内部昇格の佐藤恒治が新社長に就いた。章男は、自社メディアを通じて「私は古い人間であり、どこまでいっても車屋。クルマ屋を越えられない。それが私の限界」と述べた。

　章男の言葉については、現代の自動車業界をモビリティと捉え、これまでの「ク

Column 5 − 1

創業家の株主としてのガバナンス

　武田薬品の現在の株主構成を同社有価証券報告書で確認すると、創業家個人の株式持分は確認できない。同資料で確認可能な中で最も低い比率は公益財団法人武田科学振興財団（1.15%）であり、創業者一族個人の持株はそれより少ないことになる。

　武田國男が会長を退いた後、武田家は経営には関与していないようだが、経営陣に対し株主として株主総会の場で規律付けたことがある。スリーサークルモデルに従えば、（4）の立場から企業の経営に意見表明したのである。具体的には、武田のOBや創業者一族でつくる有志団体「武田薬品の将来を考える会」によってなされた複数回の株主提案を指す。

　全て否決されたが、最も現実味を帯びたのは2019年6月の株主総会でのクローバック条項の導入を求める提案であった。クローバック条項とは、過大投資によって損失が生じたり、不正が発覚した場合に、取締役に役員報酬を返還させる取り決めのことであり、多くの米国企業が採用している。

　「武田薬品の将来を考える会」は、現CEOのクリストフ・ウェーバーや前社長の長谷川閑史が進めた企業買収が身の丈以上であったと捉えた。今後もそのような経営判断が続き株主価値が毀損するのであれば、その責任の一部を経営陣に引受けさせようとしたのである。なによりも、グローバル化を標榜するのであれば、そうした制度を武田に取り入れるべきだという考えからの提案であった。結果は過半数近くの賛同を得たが、特別決議のため3分の2以上の賛成が得られず否決された（DIAMOND online 2019年6月28日）。

ルマ屋」を脱却しなければ競争に勝てないと考えたという解釈がある。交代の背景には、EV化の進展に抗う自国主義から脱却し、真のモビリティ・カンパニーへの改革を託す意図があり、そのためにあえてファミリー以外の人物を経営者にした側面があるのかもしれない。

　医薬品業では、20世紀まで大小問わずファミリー経営者が多かった。武田以外でも、塩野義製薬、中外製薬、エーザイ、藤沢薬品（現アステラス製薬）がそれに該当する。医薬品業の大企業でファミリービジネスが終焉した理由の1つとして、グローバル化という自国主義からの脱却があげられる。

　武田がグローバル化を推し進めた背景には、海外の競合企業がM&Aを繰り返し

て巨大化したこと、そしてそれらが日本市場でプレゼンスを発揮し始めたこと、薬価引き下げが続いたことで収益を得ることが難しくなったこと、長期間にわたって収益獲得に寄与した新薬（特に４品）がパテントクリフ（特許保護期間の終了）を迎えつつあることがあげられる。こうした環境変化の中で競うには、パテントクリフを迎えて業績が落ち込む前に、海外市場でも売れる新薬の開発を急ぐ必要があった。

　武田では、2003年に武田國男の社長退任と長谷川閑史の就任を発表した。國男は会長に就いたが、2009年に退任した。さらに2014年には、武田初の外国人社長クリストフ・ウェーバーが誕生した。両者とも創業者一族ではない。

　彼らの時代の特徴は、米国のミレニアム（2008年）を約8,800億円、スイスのナイコメッドを約１兆1,800億円（2011年）、シャイヤー（2019年）を約６兆6,000円で買収するなどM&Aを積極的に進め、自国主義からの脱却を目指したことがあげられる。こうした巨額買収は武田だけではない。眼科領域に有力な医薬品を持たなかったアステラス製薬は、眼科領域のシーズを持つ米国のアイベリック・バイオを約8,000億円で買収した。自社の手薄な分野のシーズを持つ企業を買収して新薬を開発するという「時間を買う」戦略は、グローバル化を志向する医薬品業の定石と言える。

　長谷川とウェーバーは、聖域なしの改革にも着手した。シャイヤー買収時の５兆円の有利子負債を３兆円まで減らした際には、６代目時代に成長を支えたビタミン剤「アリナミン」を含む一般用医薬品を手掛ける子会社武田コンシューマーヘルスケア（2016年分社化）を2020年に米国の投資ファンドに売却した。湘南研究所や創業地の道修町本社ビルも売却した。事業や施設の売却以外では、「誠実・公正・正直・不屈」を柱とするタケダイズムに新しい解釈を加えた「PTRB」（Patient：患者、Trust：信頼、Reputation：社会的評価、Business：事業）を行動指針として公表した。ウェーバーは、新しい行動指針について、日本人以外の社員が多数派となったので、日本的な価値観で示された「タケダイズム」ではニュアンスが伝わらなかったとし、新たなマインドセットとなるようにその浸透を目指している。

　武田薬品工業では、國男退任以降の業績が低下したことで、後継の２人の社長には多様な意見と評価がある。武田のグローバル化に先鞭をつけたのは國男である。「お前みたいなボンボンに何がわかる」と言われても、会社を変えなければ未来はないと考え「もたれ合いのぬるま湯体質」にメスを入れたのだ（武田、2005）。改革半ばで経営から退いたが、自国主義からの脱却と真のグローバル企業を目指し、

Column 5 － 2

西平酒造株式会社

　1927年に奄美大島に移った西平守俊とトミが起こした泡盛の醸造蔵が、西平酒造の起源である。後に黒糖焼酎に移行し、今は曾孫の西平せれなが4代目社長となっている。

　奄美群島の黒糖焼酎の製造は明治時代以降に盛んになった。第二次大戦後に一旦中止となったが、1953年の奄美群島本土復帰時に酒税法の特例として同群島のみ製造が認められ現在も続いている。許可された25蔵は黒糖焼酎の価値を高めようと努力している。彼女もその一人である。

　奄美では高校卒業後に島を離れる慣習があり、離れると戻る人は少ない。彼女は神奈川県の音大に進学し、卒業後はミュージシャンとして東京に住み続けた。当時は、「夢を追い東京に出たのに途中で帰島することが恥ずかしい」と思っていた。しかし、父が病気になった時、素直に島に帰って蔵を助けようと決意した。

　入社後、焼酎作りを一から学び杜氏となり、2021年に社長に就いた。事業承継後、原材料を全て国産に変え、高価な奄美産の黒糖も使うようになった。黒糖焼酎を奄美の歴史と文化の象徴と捉え、島が潤う仕組みをつくり、世界と奄美を繋げることを目標としたのである。

　杜氏として試行錯誤を繰り返し醸す過程では、黒糖焼酎に捉われず、日本酒の作り手との対話から生まれたアイデアも試した。販売面では、50年間熟成させた焼酎を「ましゅ」とし、9万円以上で販売を始めた。型破りの価格設定であったが、ストーリー性、こだわりの原材料、エシカルなものを好む消費者が増えていることを機会と捉えた。自社サイトで販売を始めると、先行分がすぐ完売した。

　彼女はミュージシャン的な発想を大切にしている。酒質の維持も重要であるが、ライブのように「その時の違い」も大事にしたいと言う。また、音の振動で変化する酒質を楽しむ試みや蔵でライブを開催するなど、音楽と黒糖焼酎を繋げる取り組みを進めている。

　西平せれなは、音楽も焼酎造りも人生をかける価値あるモノだと言う。彼女に共感する社員は、彼女が振るタクトで得意とする持ち場から輝きを放っている。それが現在の西平酒造である（2023年7月27日西平酒造株式会社社長西平せれな氏インタビュー）。

日本の商慣習や社内の慣習に囚われない大胆な改革に取り組んだ。ファミリーが作り上げたマインドセットの改革は、長谷川とウェーバーがより大胆に実行した。創業家出身の國男が先頭に立って進めたからこそ、ファミリー以外の後継者も大胆な改革ができたと言えるのではないだろうか。

　現在、買収による創薬の潰瘍性大腸炎・クローン病治療薬エンタイビオが主力となっている。一方、国男時代を支えた4品目のような自社創薬の稼ぎ頭は生まれていない。買収による新薬創出は生き残りに欠かせないが、ファミリー経営者の良さとされる長期的視点に基づいた自社開発投資も必要となろう。

6 おわりに

　ファミリービジネスの存続は、創業からの歴史的な経緯に基づく特性とともに、産業や立地する地域の特性、事業活動を継続する上での特質（商品を作るための材料や取引業者）と大きくかかわる。情報技術の著しい発達によって市場はグローバル化し、そうした環境変化に対応するには、ファミリービジネスといえども守るべき伝統の継承に加え、時には経営戦略、経営組織、企業文化の大きな変革としての企業革新が求められよう。

　事業規模が拡大しても、ファミリービジネスとして永続させる方向性はとりうる。しかし、外資との競争に直面する中でグローバルに事業展開を進める大企業では、ファミリーが創業したビジネスをグローバルビジネスとして永続させる必要がある。武田薬品のように、ファミリーメンバーがアントレプレナーシップを発揮して企業革新の先鞭をつけ、一族以外の経営者にその継続を託し、ファミリーは株主としてビジネスをモニタリングする役割を担ってガバナンスにコミットメントしていく選択肢もあるだろう。

? 考えてみよう
1. 武田薬品業工業の事例を深掘りし、ダニー・ミラーの5つの戦略のどれに当てはまるのか考えてみよう。
2. 自分が住んでいる地域のファミリービジネスを取り上げ、その企業の活動内容を調べ、ファミリービジネス特有の5つの戦略のどれに当てはまるか考えてみよう。

3．先代から続く事業を大きく変えたファミリービジネスを取り上げ、ファミリー
　後継者がアントレプレナーシップを発揮したのかを検討してみよう

参考文献

ジョン・A. デービス、ケリン・E. K. ガーシック他『オーナー経営の存続と継承』
　流通科学大学出版、1999年
武田國男『落ちこぼれ タケダを変える』日本経済新聞出版、2005年
武田薬品工業『武田200年』武田薬品工業、1984年
ダニー・ミラー、イザベル・ル・ブルトン・ミラー『同族経営はなぜ強いのか』ラ
　ンダムハウス講談社、2005年

第5章

次に読んで欲しい本

ファミリービジネス学会編『日本のファミリービジネス』中央経済社、2016年
山田幸三編『ファミリーアントレプレナーシップ』中央経済社、2020年

第 **6** 章

コーポレート・
アントレプレナー
―社内からアントレプレナーを
生み出すには何が必要なのか？

第1章
第2章
第3章
第4章
第5章
第6章
第7章
第8章
第9章
第10章
第11章
第12章
第13章
第14章
第15章

1　はじめに

　革新的な事業は、独立した企業家によって生み出されるものだけではない。私たちの身の回りを見ても、これまでにない新しい事業が、実は既存の企業の中から生まれたものであるということがしばしばある。このように、企業の中で新事業を創造する革新的な活動は、いわば社内における企業家活動であり、その活動を担う人材はコーポレート・アントレプレナー（社内企業家）と呼ばれる。

　本章では、社内で新事業の創造を担う社内企業家に焦点を合わせる。そこには、独立した企業家による事業化プロセスとは異なり、企業との関係の中で新事業を進めていくという、組織内の事業化に固有の様々な課題がある。

　たとえば、企業が社内企業家を生み出すには何が必要なのか、社内企業家が進める新事業の実現にはどのような支援が必要なのかという問題、さらに、全社的な視点から、社内企業家の活動をどのようにマネジメントするのかという問題である。

　これらの問題を考えるために、プラス株式会社におけるアスクル事業の創出の事例を取り上げる。この事例を通じて、企業の新事業開発と社内企業家の特徴を整理し、社内企業家の育成と支援、さらには社内企業家による新事業開発の全社的なマネジメントの問題について学んでいこう。

2　プラス株式会社における新事業開発：アスクル事業と岩田彰一郎

❖ 新事業の模索と「ブルースカイ委員会」

　1948年、今泉商店と鈴木商店という2つの商店が合併し、千代田文具株式会社として文具の卸売業を始めたのがプラス株式会社のはじまりである。1959年に現在の社名となり、80年代から自社製品の開発・製造を開始し、90年には、自社ブランドの製品を製造する文具メーカーへと成長していった。

　しかし、当時の文具業界は、量販店、ディスカウントショップ、コンビニエンスストアが参入し、販売競争が激化していた。小売を担っていた従来の文具店については、業界最大手のコクヨが系列店を全国に展開することで圧倒的なシェアを持っ

ており、プラスの文具の販売は伸び悩んでいた。

　この苦境を打破すべく、プラスは、1990年に自社事業の課題を検討する「ブルースカイ委員会」という議論の場を設けた。委員会は、社長の今泉嘉久（現・会長）と文具事業部本部長の岩田彰一郎（現・株式会社フォース・マーケティングアンドマネージメント社長）をはじめ、役員、外部の専門家などの10名で組織され、文具業界の現状、ターゲットとなる対象顧客、流通チャネルなどを議論した。議論の結果、プラスが目指すべきは、顧客に直接商品を届ける効率的な流通システムを基本とした、新しい事業の創出であるという結論が出された。

❖ アスクル事業推進室と岩田彰一郎

　1992年４月、ブルースカイ委員会の結論を踏まえて、新しい事業展開のプロジェクトチーム「アスクル事業推進室」が社内に設置された。その代表に名乗り出たのが、岩田彰一郎であった。今泉嘉久社長は、初めは岩田に商品開発を任せるつもりでいたためすぐに承認はしなかったが、岩田の再三の申し出に対して「そこまで言うなら」とアスクル事業推進室の責任者として任命した。

　岩田プラスに入社したのは1986年のことである。岩田は、今泉嘉久社長の弟である今泉公二とともに、プラスで商品開発の仕事をしていた。しかし、自信作の商品もヒットには至らなかった。コクヨの支配的な流通網の前に、実績のないプラスの新製品を置いてくれる文具店が少なかったのがその理由である。岩田はその時、自社の製品を直接顧客が手にとってもらえる仕組みづくりの必要性を感じていた。

❖ アスクルの事業化

　アスクル事業推進室は岩田と部下３人という小さなチームで始まった。アスクルの事業化は「顧客志向」というビジョンのもと、カタログを使った通信販売というこれまで文具業界になかった新しい流通チャネルへの挑戦であった（図6‐1）。

　岩田は、中小規模の事業所をターゲットにし、多頻度小口配送によるスピードと便利さを提供するサービスを構想した。日本では文具の75％が法人顧客、その中で大企業は、大型納品店によって受注・割引・配達といったサービスを受けることができたが、中小規模の事業所はというと、自ら文具店に出向き、定価に近い値段で文具を調達するという状況であった。ここに機会を見いだし、ターゲットを置いたのだ。

　中小規模事業所というターゲットに対してどのようなサービスを提供するか。岩

【図6-1　アスクル・モデル】

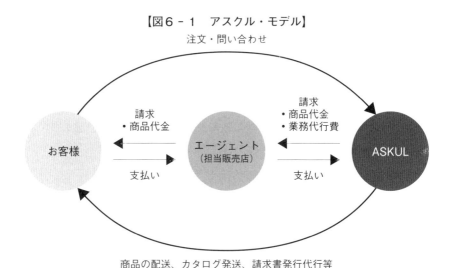

注文・問い合わせ

請求
・商品代金

請求
・商品代金
・業務代行費

お客様　　　エージェント（担当販売店）　　　ASKUL

支払い　　　　　　　　　支払い

商品の配送、カタログ発送、請求書発行代行等

出所：アスクル株式会社：https://www.Askul.Co.jp/corp/business/service/（2023年7月27日）より作成

田は、「社会最適」というキーワードを掲げた。メーカーと卸売、販売店という物流の全体を見直して最適化する、そうすれば、費用を最小限にして注文の翌日に商品を届けることができる、これがアスクルの構想であり、事業名の「アスクル（明日来る）」の由来でもある。そして、この構想を実現するための仕組みが、カタログ通信販売であった（写真6-1）。

【写真6-1　アスクルのカタログ】

出所：筆者撮影

❖ トップのサポートと分社化

1992年６月、アスクルは実験的な販売を開始した。プラスの文具を中心に500アイテム、総ページ44ページのカタログを配布し、１ヶ月後にカタログの使いやすさ、価格設定、品揃えなど関するアンケートをとった。岩田は、顧客から直接声を聞けるこの仕組みに、手応えを感じていた。しかし、思いもよらない顧客からの要望が寄せられた。

１つは「他社商品も届けて欲しい」というものである。当初、プラス商品を扱う販売チャネルの１つとして考えられていたアスクルが他社商品を扱う決定をしたことには、当然プラス社内から反発が起きた。この反発を抑えたのは、社長の今泉嘉久であった。もう１つは「取扱い商品を値下げしてほしい」という要望だった。この声に応じるかたちで1995年９月に、アスクルは本格的な値下げ販売を行ったが、旧来プラスの商品を取り扱ってきた卸売業者や販売業者から、プラス商品の不買運動が起きるほどの反発を招くこととなった。この反発に対しても、今泉嘉久が全国の支店長とともに文具店に出向き頭を下げて回るなどしてアスクルを支えた。

1997年５月、取扱い商品をめぐる社内からの反発と価格設定による社内外の問題をきっかけに、アスクルはアスクル株式会社としてプラスから分社化することとなった。以降、アスクルは、対象顧客を拡大し、医療向けや工場向け商品を提供するなど、BtoB事業を拡大していった。2012年には、ヤフー株式会社（現・Zホールディングス株式会社）との業務資本提携によって一般消費者向けサービス「LOHACO」を開始するなど、BtoC事業にも展開している。

3 新事業開発と社内企業家

❖ 企業の成長と新事業開発

企業が既存事業の成熟化を克服し、さらなる成長を目指そうとするとき、新たな事業を生み出す活動である新事業開発が重要となる。新事業開発は、新しい製品やサービスを開発する、いわゆる新製品開発以上の意味を含んでいる。新事業開発とは、新しい製品やサービスの開発にとどまらず、新製品・サービスを端緒として、ヒト、モノ、カネ、情報といった経営資源を獲得・利用し、それらを組織化するた

めの新たな仕組みを創り出し、社内の一事業として成立させるまでを含めた活動である。

　社内の経営資源を中心に活用し、既存事業とは異なる市場を目指して事業を創造する新事業開発は、社内ベンチャーという組織を中心に進めることが多い。社内ベンチャーは、プロジェクトチームやタスクフォースとして組織化されることが多いが、その特徴は、第1に、高い独立性を持つという点である。独立した単位として新事業開発を担うことによって、既存の事業からの干渉を排除しながら新事業を進めることができる。第2は、部門横断的であるという点である。新事業開発には、研究開発や生産、マーケティングといったさまざまな活動が必要となる。そのため、社内ベンチャーは、部門の境界を越えた活動を行う部門横断的組織である。

　アスクルの事例を振り返ってみよう。プラスは競争の激化と業界最大手のコクヨによる流通支配によって成長の機会を失っていた。そうした状況を打破するために設けられたブルースカイ委員会で生まれたのが、商品を直接顧客に届けるという新事業の構想であった。そして、この事業を推進するための独立した組織としてアスクル事業推進室が設けられ、カタログを用いた通信販売という仕組みをつくり出した。このように、アスクルは、社内ベンチャーによる新事業開発であり、その代表の岩田彰一郎は、社内企業家として捉えられる。

❖ 社内企業家の特徴：ビジョンと行動力

　社内で新しいアイデアを打ち出し、企業の一部門としてそのアイデアを新しい製品・サービスという具体的な形にしていく推進者が、社内企業家である。ピンチョーによれば、社内企業家は、次の2つの特徴を備えた人材である（図6‐2）。

　第1に、社内企業家は強いビジョンをもつ。このビジョンとは、新事業のアイデアにとどまるものではない。社内企業家が持つビジョンは、新しい製品・サービスに対する顧客の反応を見ながら、新事業をどのように進めていくか、新しい製品・サービスをどのように市場に投入するかといった、アイデアを具体的に事業として実現するための全体的なシステムに関する構想である。

　第2に、社内企業家は卓越した行動力をもつ。すなわち、ビジョンを具体的な事業として実現させるために行動できる力である。事業を成功させるには、アイデアや計画を打ち出すだけではなく、経営資源の獲得、生産、マーケティング、販売などさまざまな部門の活動を調整し、必要な資源を動員しなくてはならない。そのために、社内企業家は、部門の境界を越えて活動し、ときには社外のネットワークを

【図6-2　社内企業家のグリッド】

出所：ギフォード・ピンチョー『社内企業家』講談社、1985年、p. 79、
「図2-3　社内企業家のグリッド」より。

活用することもある。

　図6-2が示すように、たいていの職業は、ビジョンと行動力のどちらかが求められる。たとえば、現場作業者であれば、計画を実行することが強く求められるが、自ら新事業を構想することは少ない。他方、企画立案担当者は、企業のビジョンを企画に盛り込むためにビジョンを持つ必要があるが、自身でそれを実行するわけではない。だが、社内企業家には、ビジョンと行動力が同時に求められる。社内企業家は、計画の立案者でもあり、実行者でもあるのだ。

　アスクルの事例では、社内企業家としての岩田に、ビジョンと行動力の両方を見出すことができる。岩田には「社会最適」という理念の強い認識、文具業界の流通構造を変えるカタログ通信販売という具体的かつ全体的な事業構想、すなわち明確なビジョンがあった。このビジョン遂行のために、社内外の反発を克服し、他社商品の取扱いや値下げを実現するという行動力で、アスクル事業を実現させたのである。

4 社内企業家の輩出と支援

❖ 社内企業家の輩出

　企業のすべての従業員にビジョンと行動力という社内企業家の特徴が備わっているわけではない。では、企業が社内からアントレプレナーを輩出するためにはどのような条件が必要なのだろうか。

　社内企業家を生み出す仕組みの有名な事例として3Mの社内ベンチャー制度がある。3Mには「汝、アイデアを殺すことなかれ」という「11番目の戒律」があり、この戒律のもと、研究者は、勤務時間の15%を自分の興味がある研究に自由に使うことができる。これは「15%ルール」と呼ばれる。研究者はこの15%ルールの範囲で「ブートレギング（密造酒づくり）」という闇研究、すなわち、上司の許可を得ることなしに、自主的に研究を進めることができるのである。さらに、3Mには、失敗の許容する風土があり、研究者が挑戦しやすい状況が作り出されている。

　3Mの事例から、社内企業家を生み出すための条件を見出すことができる。1つはアイデアを生み出し、かたちにすることができるような自由を保障するルールがあること、もう1つは、自由の積極的な活用を可能にするような、失敗を許容する風土があることである。社内で新事業を立ち上げる場合、既存の事業や組織の風土が人々の挑戦を制限してしまい、ビジョンや行動力を生み出す障害となる場合がある。新しい試みに積極的に挑戦できる風土を醸成し、社内の制約を取り払うことが、社内企業家としての特徴を備えた人材の輩出には不可欠となる。

❖ 社内企業家の支援

　社内企業家には、社内に蓄積された資源を活用できることや、社内のさまざまな部門の協力を得られるといったメリットがあるが、社内であるがゆえのデメリットもある。たとえば、既存事業の基準で新しいアイデアが評価されてしまうことで、新しい事業の重要性や価値が社内で認識されにくくなり、新事業の推進を制約する可能性がある。

　このような社内の制約を排除できなければ、ビジョンと行動力を持った人材がいたとしても、社内企業家として事業を成功させることはできない。したがって、社

Column 6 - 1

社内企業家と社内ベンチャー制度

　社内企業家の輩出と支援にはいくつかの条件があった。これらの条件を社内に公式の制度を設けることによって、企業家精神の醸成や事業化を支援する試みは、社内ベンチャー制度と呼ばれる。ダフトは平均数を上回るイノベーションを生み出せるアントレプレナーシップや組織構造を社内で発展させ、全従業員の創造性を解放する試みを「企業内起業家制度（社内企業家制度）」と呼んだ（リチャード・L・ダフト『組織の経営学』ダイヤモンド社、2002年、pp. 229-230）。この制度の役割は「アイデアの先導者」の手助けである。

　日本企業の社内企業家制度の例には、リクルート（リクルートホールディングス）で1982年から始まった「Ring」という新事業提案制度がある。結婚情報誌「ゼクシィ」、不動産情報サイト「SUUMO」、ネット授業配信サービス「スタディサプリ」は、Ringから生み出された事業だ。

　Ringは全社員が応募でき、毎年1,000件を超える提案が集まる。エントリーからプラン提出し、1次審査（書類選考）を通過したプランは、役員とともにブラッシュアップする期間を経て、さらに選考が実施され、最終審査でグランプリを決定するが、事業化に進むのは数件であるという。

　事業化に向けては、ステージゲートと呼ばれる4段階の検討が進められる。第一段階は、ニーズを検証するMVP期、第二段階は、限られた顧客を対象とした実証実験を行うSEED期、第三段階は、組織的に事業拡大できるかを検証するAlpha期、最後に、既存事業との相性を検証し、大規模な投資をすべきかを決定するBata期である。これら4段階で、予算などの必要な経営資源をもとに事業化が進められる。

　アントレプレナーシップを醸成する仕組みとアイデアを新事業として育て上げる仕組みとを公式化していることが、リクルートの新事業開発を促進させる要因の1つとなっている。

内企業家がそのビジョンと行動力を発揮し、新事業を推進するための環境を整える組織的な支援が必要となる。具体的には、以下のような支援がある。

　第1に、事業を推進する独立した組織単位の設定である。社内ベンチャーのように、既存の組織内で独立させることによって、既存事業からの影響を排除するのである。しかしながら、ただ単に新事業を推進する独立した組織を設けただけでは、

社内企業家の活動を十分に支援するものにはならない。

　そのため、第2に、社内企業家に意思決定の十分な権限や自由裁量を与えることが必要となる。新事業に取り組む社内企業家に権限を与えることではじめて、独立した組織は高い自律性を持って自由に活動できる。また、事業化においては、資源の調達から生産、マーケティング、販売といった様々な部門の協力が必要となる。自由裁量を与えることで、全社からの資源の提供や部門の境界を越えた協力が得やすくなるのである。

　第3は、トップの新事業に対するコミットメントである。上記の2つの支援の実現は、トップマネジメントの支援がなければむずかしい。トップによる新事業の承認や失敗の許容といった支援によって、社内企業家はアイデアを具体化して独立したプロジェクトを立ち上げることができ、全社的な活動として進められるのである。

5　新事業のマネジメント

　社内企業家の推進する新事業は社内の一事業であるため、全社的な視点から新事業をどのようにマネジメントするのかという問題も重要となる。具体的には、トップの役割と組織デザインによるマネジメントの問題となる。

❖ 新事業とトップの役割

　トップの新事業に対するコミットメントは社内企業家への強力な支援となるが、その新事業は社内の一事業であるため、トップは全社的な視点からそれを管理する必要がある。そのため、新事業開発においては、社内企業家とトップという2つの異なるマネジメントが必要となる（ブロックとマクミラン、1994）。

　表6‐1には、社内企業家とは異なるトップの役割が示されている。トップは、事業化の際に、社内での企業活動の必要性を見極め、新事業のアイデアを提案させるための条件づくり、起業活動の管理プロセスの設計、新規事業経営陣を選任と処遇の決定、新事業の社内での位置付けと他の部門との整合性の決定、企業に及ぼすリスクの観察・管理、情報収集、起業活動を有効に管理するための方法の習得などの役割を担っている。

　これらの役割をみると、トップは新事業に積極的に関与しているようにみえるが、トップがどこまで積極的に関わるかは、企業によって異なる。日本企業を対象とし

【表6-1　事業化プロセスと2つのリーダーシップ】

トップマネジメント	社内企業家
準備段階	
起業活動が戦略的に自社に必要かを見極める アイデアを提案させるための条件をつくる 起業活動の管理プロセスを設計する	
新事業の選択	
新事業の経営陣を選任し、処遇を決定する	ビジネスチャンスを発見、評価、選別し、トップマネジメントへの新事業案件の説明を行う
新事業の計画策定・組織化・開始	
	事業計画を策定し、トップマネジメントの承認を得る 承認後、組織を編成し、スタートさせる
新事業の観察・管理	
企業レベルにおける新事業の観察・管理を行う	新事業の経営と管理を行う
新事業の擁護	
	新事業を擁護し、生き残りのための方策を考える 社内の政治力学への対策を習得する
経験からの学習	
組織的な手法を駆使し、情報収集を行い、社内での起業プロセスをより有効に管理する方法を習得する	

出所：ブロック＆マクミラン（1993）、邦訳、p.10、
「起業活動プロセス・モデル」を一部変更。

た研究では、新事業開発には創発性重視型と戦略主導型という2つのプロトタイプ（理念型）を見出せ、トップの関与の程度はそれぞれに異なることが明らかにされている（山田、2000）。創発性重視型とは、現場レベルのアイデアから新事業が生まれるボトムアップ型の新事業開発であり、新事業部門を中心として事業化が進められる。この場合、トップは新事業を背後で目立たずに支える「黒子」としての役割を担う。他方、戦略主導型は、経営方針の1つとして新事業開発を位置付け、トップがその事業化に積極的な関与をする。

　これらの2つのタイプはあくまで理念型であり、実際のトップの役割には様々なバリエーションがある。アスクルの事例では、新事業のきっかけとして、トップの今泉が「ブルースカイ委員会」を立ち上げたが、事業化の段階では、アスクル事業

推進室と社内企業家の岩田が主導し、今泉は背後で支える「黒子」の役割を担っていたといえる。

❖ 新事業開発の組織デザイン

　企業全体の組織をデザインする中で、新事業を担う部門をどのようなポジションとして位置付けるかという問題も、新事業の推進と社内企業家の活動に大きく影響を与える。組織デザインとは、組織の中でどのような分業を行い、それをどのようにして調整するのかを設計することである。

　アスクルの事例では、当初は、社内にアスクル事業推進室という独立した組織が設けられていた。その後、アスクルのビジョンである顧客志向を強く推し進めていく中で、既存事業との関連やエージェントである文具店からの反発が生じた結果、アスクル株式会社として分社化することとなった。

　このように社内の独立した一組織から分社化し、社外の組織へという組織デザインの変化が生じるのは、新事業の進捗状況や性格によって、適切な組織デザインが異なっているからである。

　適切な組織デザインを考える際には、いくつかの基準がある。1つは、新事業に対してどの程度の自律性を持たせるかという基準である。社内企業家に意思決定の権限や自由裁量の余地を与えることは、社内企業家を支える条件であったが、組織デザインによって、与えられる自律性の程度は異なる。社内で独立した組織として新事業を位置付けることで自律性を持たせることができるが、自律性の程度をより高めるが必要があるなら、子会社や関連会社として分社化することとなる。

　もう1つの基準は、社内の一事業である新事業を、企業がどの程度管理する必要があるかである。社内企業家が事業を進めるメリットは、社内の経営資源や他部門の協力を得られることであったが、これは新事業が既存事業とある程度関連することによって生じる。このメリットを活かすには、新事業を組織の内部に位置付ける必要があり、企業は新事業に自律性を与えつつ、管理する必要がある。既存事業との関連は薄くとも、全社戦略として新事業の重要性が高い場合には、新事業の管理が必要になる。

　しかし、企業が新事業を管理することによって、社内企業家が自律性を失ってしまうと、新事業を失敗してしまう可能性が高くなる。そのため、自律性を担保しつつ、適切に管理する必要があり、ここに新事業開発のむずかしさがあるといえよう。

Column 6 − 2

社内企業家のための組織デザイン

　社内ベンチャーは、自律性を必要とする社内企業家によるボトムアップ型の新事業開発に適した組織デザインであるといえる。さらに、より自律性を高め、既存事業からの影響を排除するために分社化という形態について述べたが、その他にも新事業を推進するための組織デザインはさまざまである。

　バーゲルマンは、業務上の関連性と企業の戦略上の重要性という2つの評価軸から9つの組織デザインを提示している。

<table>
<tr><td rowspan="6">業務上の関連性</td><td>無関連</td><td>特別事業単位</td><td>独立事業単位</td><td>完全なスピンオフ</td></tr>
<tr><td>部分的関連</td><td>新製品／事業部門</td><td>新ベンチャー部門</td><td>契約</td></tr>
<tr><td>強い関連</td><td>直接統合</td><td>小さな新ベンチャー企業</td><td>育成・契約</td></tr>
<tr><td></td><td>非常に重要</td><td>不確定</td><td>重要でない</td></tr>
<tr><td></td><td colspan="3">戦略上の重要性</td></tr>
</table>

出所：バーゲルマン＆セイルズ『企業内イノベーション：社内ベンチャー成功への戦略組織化と管理技法』ソーテック社、1987年、p. 321「企業家精神のための組織デザイン」を一部変更

　業務上の関連性は、既存事業と同時に管理することによる効率性が高まるかどうかによる。関連が強ければ、既存事業と新事業との間にシナジーが生まれ、効率性は高められる。逆に低ければ、既存事業と新事業との間には距離がおかれる。他方、戦略上の重要性は企業として新事業をどの程度管理する必要があるか関わる。企業の成長にとって新事業が戦略的に重要であれば、その事業は全社的な視点からコントロールされる必要があり、分離することはできない。逆に戦略上の重要性が低ければ、分離する、すなわち完全に別の企業としてスピン・オフすることになる。ただし、本章でとりあげたアスクルの分社化は、戦略上重要でなかったわけではなく、完全なスピン・オフではなく、関連会社としてプラスとの関係を維持している。

6 おわりに

　本章では、社内からアントレプレナーを生み出すには何が必要なのかという問題意識のもと、社内企業家の活動について考えてきた。最後に、社内企業家の役割についてもう少し触れておこう。

　社内企業家は新事業開発の推進者として企業の成長に不可欠であるが、この他にも社内企業家に期待される役割がある。1つは、イノベーションを生み出すという役割である。社内ベンチャーの目的は既存事業の延長上にない新規事業の創造であり、社内企業家による新事業開発はイノベーションを起こす活動でもある。もう1つは、企業変革のきっかけをつくり出すという役割である。社内企業家による新事業の成功が、既存の価値の評価基準や組織の風土の壁を乗り越えて実現されれば、それは新たな価値の基準をもたらし、風土を変えていく可能性がある。社内企業家の活動は、企業組織の革新や再活性化のきっかけとなる可能性も備えているのである。

　社内企業家の担う役割は現代の大企業でより重要になっているが、社内企業家による新事業の成功には、社内のさまざまな支援が大きく関わっているのである。

？考えてみよう

1. 社内ベンチャー制度を導入している企業を探し、その制度が、社内企業家や新事業の創造をどのように支援しているのか考えてみよう。
2. 困難を乗り越えて目標を達成できる行動力を持っている人と持っていない人を比較し、行動力がある人の特徴を考えてみよう。
3. 新しいことに挑戦しやすい組織の風土と挑戦しにくい風土の間にはどのような違いがあるのか、考えてみよう。

参考文献

井関利明・緒方知行・『2020AIM』編集部編『アスクル：顧客と共に"進化"する企業』PHP研究所、2001年

Z. ブロック・I. C. マクミラン『コーポレート・ベンチャリング：実証研究・成長し続ける企業の条件』ダイヤモンド社、1994年

山田幸三『新事業開発の戦略と組織：プロトタイプの構築とドメインの変革』白桃
　書房、2000年

次に読んで欲しい本 ━━━━━━━━━━━━━━━━━━━━━●

新藤晴臣（編）『コーポレート・アントレプレナーシップ：日本企業による新事業
　創造』日本評論社、2021年
田中聡・中原淳『「事業を創る人」の大研究』クロスメディア・パブリッシング、
　2018年

第6章

第1章
第2章
第3章
第4章
第5章
第6章
第7章
第8章
第9章
第10章
第11章
第12章
第13章
第14章
第15章

第 **7** 章

アカデミック・アントレプレナー
―大学の研究現場から アントレプレナーは生まれるのか？

1 はじめに

　大学や研究所（アカデミック）は、象牙の塔という呼ばれ方をすることがある。これまで大学は知を担う組織として、知の創造・教育・啓蒙を主たる役割としてきた。しかし、今後期待される新しい役割はそこに留まらない。知の産業化・商業化を通して社会を変革すること。そんな新しい役割を担うアカデミック・アントレプレナーが、日本でも続々と生まれてきている。本章では、アカデミック・アントレプレナーについて、成功例をとおして理解しよう。

　アカデミック（学問）の世界から、商業化・産業化への道は直接つながっているわけではない。アカデミック・アントレプレナーは、どうやってそのステージへ飛躍するのだろうか。そもそもアカデミック・アントレプレナーとはどんな人たちだろうか。そして、彼・彼女らは、なぜ、今、注目と期待を浴びているのか。

2 事例：ペプチドリームとサイバーダイン

❖ 上場した大学発ベンチャー

　2013年、2014年と２つのベンチャー企業が東証マザーズに上場した。共通点は、両社ともに、買い注文が殺到して株価が高騰したこと。ライフサイエンス分野の技術系ベンチャーだということ。そして、大学発ベンチャーだということである。前者は、ペプチドリーム株式会社で、2006年に東京大学発ベンチャーとして設立された。後者は、2004年に設立された筑波大学発ベンチャーのCYBERDYNE（サイバーダイン）株式会社である。

　以下に描く事例は、アカデミック・アントレプレナーが事業創造して軌道に乗せるまでの局面、すなわち両社の創業から2016年までに限定した事例となるが、そこからアカデミック・アントレプレナーについての理解を深めよう。

❖ ペプチドリームの卓越性

　ペプチドリームは、大手医薬メーカーと共同で特殊ペプチドから医薬品候補物質

を研究開発する創薬ベンチャーである。赤字続きのバイオベンチャーが多い中、上場前から黒字を達成している。それを可能にしたのは、同社にしかない技術システムの存在と、そこから確実に利益をあげるよう工夫されたビジネスモデルの存在である。

　同社独自技術であるペプチド創薬開発プラットフォーム（技術システム）の「PDPS：Peptide Discovery Platform System」は、「特殊ペプチド医薬品」をつくりだす。現在の創薬の中心は、「低分子医薬品」と「抗体医薬品」であるが、「特殊ペプチド医薬品」は次世代の医薬品と呼ばれ、副作用が少なく効き目が高い。PDPSは、「特殊ペプチド医薬品」となる新薬候補を発見するまでの時間を大幅に短縮できる創薬開発プラットフォームである。PDPSの基盤となる特殊ペプチドを創製するフレキシザイム技術とPDPSの研究開発に世界初で成功したのが、東京大学教授の菅裕明である。

　菅教授が20年もの年月をかけて研究開発したこれらの技術が、どうやってベンチャー設立に結びついたのか。当時、ベンチャー・キャピタル（VC）の東京大学エッジキャピタル（UTEC）は、東京大学TLO（技術移転機関）から開示される特許技術を精査していた。そこで女性担当者がこの特許に出会い、「創薬界に革命を起こすほどの画期的な技術」と衝撃を受ける。彼女は、菅のもとに何度も足を運び、起業を働きかける。適任の社長がいればという菅に、窪田規一を紹介する。医療系ベンチャーの社長を務め、ビジネス経験が豊富な窪田と菅は意気投合して、起業が決定する。こうして、経営面は窪田、研究開発は菅というように、役割分担を

【写真7-1　ペプチドリームのオフィス】

出所：ペプチドリーム株式会社

【写真7－2　ペプチドリームの研究風景】　　【写真7－3　特殊ペプチド】

出所：ペプチドリーム株式会社

明確化した企業家（創業）チームをつくり、2006年7月にペプチドリームが設立される。

　ペプチドリームは、バイオベンチャーの経営に熟知した窪田が練った、ユニークで卓越したビジネスモデルで成長している。第1に、特許ポートフォリオ戦略がある。菅の技術システムであるプラットフォームPDPSを動かす全ての要素は特許で守られていて、さらにその周辺の主要な技術、物質、用途も特許化して、特許全体を守り強化する特許ポートフォリオ戦略を徹底している。

　第2に、PDPSというプラットフォームの独自性と強みを生かしたビジネスモデルの構築である。同社は、創薬を行うのではなく、大手製薬会社と共同開発契約を締結して、新薬候補物質の探索を行うビジネスモデルをつくった。そして、契約の初期段階から商品として上市するまでの各段階に応じて収入が発生する仕組みをつくりあげた。つまり、製薬会社との共同研究開発契約は初期段階から全ての段階において売上が発生する取り決めで、同社は最初の契約締結時に契約一時金を、有効物質発見時や治験フェイズごとにさらなる一時金を得る。そして薬が売れればその売上に応じて特許使用料（ロイヤリティ）を得ることができる仕組みだ。これにより、確実に売上を伸ばして黒字化を達成した。

　2015年に入ると、これまでどおり、PDPSを特殊ペプチド創薬の世界基準とするように、共同研究開発契約先の拡大を積極的に進めるとともに、自ら創薬まで手がけることを目指して「世界的な製薬（創薬）企業を目指します」と宣言する。そのために、2014年にはノバルティスのトップサイエンティストで低分子化合物の

合成に卓越した知見を持つ舛屋圭一を研究開発部長として迎え入れ、バイオVB（ベンチャービジネス）の株式会社ファルマデザインの創薬研究事業を買収した。

❖ サイバーダインの強力な理念

　サイバーダインは、世界初の装着型サイボーグ「HAL®」に代表される人・AIロボット・情報系を融合複合した新学術領域「サイバニクス」の研究開発成果を医療・介護・福祉・生活分野等（職場も含む）に展開するために設立された大学発ベンチャーである。HAL（Hybrid Assistive Limb）は、身に着けることで人とロボットを機能的に融合・一体化させ、装着者の身体機能を改善・補助・拡張・再生することのできる革新的サイバニックシステムである。筑波大学教授の山海嘉之が1991年に基礎研究開発を開始し、欧州全域での医療機器化やドイツでの公的労災保険への適用を経て、2016年に日本での公的医療保険適用を達成した。

　山海が提唱する新領域の「サイバニクス」とは、サイバネティクス、メカトロニクス、情報科学を中心に、脳・神経科学、AI、ロボット、情報、行動科学、心理学、法律、倫理、経営などが融合・複合し、「人」と「サイバー・フィジカル空間」を一体的に扱うことができる新領域である。HALは、皮膚に貼り付けたセンサーで脳・神経系由来の生体電位信号を読み取り、装着者の動作意思に従って身体の一部となって意思通りに支援動作を実現することができる装着型サイボーグであるが、その開発には多くの学問分野の発想や知識の集積が必要であった。従来型研究者は、

第7章

【写真7-4　CYBERDYNE㈱社屋の写真】

出所：Prof. Sankai, University of Tsukuba / CYBERDYNE Inc.

【写真7－5　HAL医療用（下肢タイプ）【写真7－6　HAL医療用によるドイツ
　　　　　　　の写真】　　　　　　　　　　　　　　　での治療シーン】

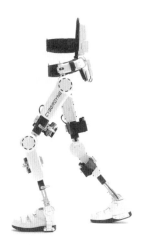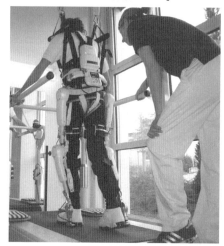

出所：Prof. Sankai, University of Tsukuba ／ CYBERDYNE Inc.

　自分の専門領域の枠内で純粋な研究に没頭しがちであるところ、山海は学位取得後
に所属学会を全て脱会して、人や社会の実際の複合課題を扱うことのできる新しい
学術領域「サイバニクス」のグランドデザインづくりと基礎研究に約3年を費やす。
1991年からHALの基礎研究を開始して、98年には試作機を学会で発表。その後
も改良を進めて、2005年には全身型のプロトタイプを愛知万博で発表した。
　このHALという装着型サイボーグの技術に関して、その事業化は本来、企業が
やるものだと山海は考えていた。それではなぜ、産学連携で企業に事業化を任せず
に、大学発ベンチャーを設立したのだろうか。
　第1に、産学連携が思うように進まなかったからである。HALを公表すると、
企業から産学連携や共同研究の話が数多く舞い込んできた。しかし、派遣された企
業の開発部門の人たちは、事業化の権限を持たず、具体的な動きが見えなかった。
第2に、高齢者や脊髄損傷患者から、HALの購入希望や問い合わせが多数届くが、
大学という制約もあり、ニーズに対応する方法もなく、販売できないでいた。そこ
で、大学と相談して、起業する方向性が決まる。折しも、筑波大学からは、大学発
ベンチャーへの期待も寄せられていた。
　こうして、2004年6月、筑波大学発ベンチャーのサイバーダインが設立された。
社名は、研究開発の基盤となる学術分野「サイバニクス」と、力の単位を意味する

「ダイン」を組み合わせたものだ。創業時の取締役は、山海と博士後期課程の大学院生3名というメンバーだった。プロの経営者は入らず、研究者や院生が経営も1から勉強しながら会社をつくりあげた。

　特筆すべき点の1つが、2006年9月以降の5回に渡る資金調達において無議決権株式で第三者割当増資を行ってきたことと、2014年の上場の際にも議決権種類株式を用いたことだ。これらの株式は、議決権がない、もしくは山海が保有するB種類株式の1/10の議決権しかない、というものである。敵対的買収等で技術が軍事目的等で悪用されることを防ぎつつ、超短期的視野の株主にコントロールされずに理念を追求する組織でありたいがゆえに東証や証券会社とも相談を重ね、そのような方法がとられた。山海は「医学や工学などの科学技術は人や社会の役に立ってこそ意義がある」との信念を持っている。サイバーダインでは、「社会が直面する超高齢社会の課題を解決する革新技術の創成、その解決手法の産業化（新産業創出）、未来開拓型の人材育成」の3点を一体的に同時展開し推進していくとしている。

3 アカデミック・アントレプレナーとは

　東京大学教授の菅と筑波大学教授の山海。彼らは紛れもないアカデミック・アントレプレナーである。アカデミック・アントレプレナーを、「アカデミック・イノベーションを担う人」ととらえる。

　アカデミック・イノベーションとは、アカデミック（学問）の分野で生まれる研究成果を、商業的・産業的イノベーションに結びつける動きである。その際の手法に、産学連携がある。産学連携とは、産（産業界）と学（アカデミック）との連携を意味し、契約に基づく両者の公式な関係を指す。

　日本で産学連携が本格化したのは1990年代後半からであるが、その20年以上前から産学連携に取り組んで、基礎研究を人類の役に立つ事業化まで推し進めた研究者がいる。アフリカの10億人を熱帯感染症から救ったといわれる治療薬「イベルメクチン」の基となる「エバーメクチン」を発見して、2015年にノーベル賞医学・生理学賞に輝いた北里大学特別名誉教授の大村智である。大村は、土壌の微生物が作り出す有用な化合物を発見してきたが、その研究成果を治療薬として実用化する上では、米製薬大手メルク社との産学連携が不可欠だった。具体的には、メル

Column 7 − 1

さまざまなアカデミック・アントレプレナー

　アカデミック・アントレプレナーというと、研究者だけを想定しがちであるが、院生や学生も大学の知を追求するアカデミック人材としてとらえるならば、アカデミックな知識を用いて起業した学生も、アカデミック・アントレプレナーと呼べなくもない。学生時代もしくは卒業後まもなくに、アカデミックな知識や経験を生かして起業した大学発ベンチャーで、上場まで果たした企業として、東京大学発ベンチャーの株式会社ユーグレナや、早稲田大学発ベンチャーの株式会社リブセンスがあげられる。

　ユーグレナは、ミドリムシ（学名：ユーグレナ）を中心とした微細藻類に関する研究開発及び生産管理・品質管理・販売等を展開する会社だ。世界ではじめて、ミドリムシの大量培養に成功して、そのミドリムシを用いた健康補助食品や化粧品事業を推進し、次世代のバイオ燃料開発も行っている。事業に必要な知識・技術は日本中の研究者の先行研究から詳細に学び、何年も試行錯誤しながら新技術開発を成功させた。

　リブセンスは、アルバイト求人サイト事業で起業した会社である。従来のアルバイト探しの不便さを解消するために、独自のビジネスモデルを組み立て成長して、現在はそのドメイン（事業領域）をインターネットメディア全般に広げている。

　ユーグレナ社長の出雲充も、リブセンス社長の村上太一も、学部生時代にビジネスプラン・コンテスト（ビジコン）に関わることで、起業という生き方に魅せられた。出雲はビジコンの運営に深くコミットして、その中でスタンフォード大学の学生達の起業意識に触れ、大いに刺激を受けた。村上は、早稲田大学のビジコンの優勝者にはオフィスが1年間無償で貸与されるという新聞記事とシラバスを見て、その仕組みを借りて本気で起業することを決意した。このビジコンに応募する条件として、大和証券グループ本社の寄附講座である「ベンチャー企業家養成講座」を受講することが義務づけられていて、大学1年次からビジコン優勝のために貪欲に学び動いたのだ。

ク社と共同研究の契約を結び、大村研究室はメルク社から資金提供を受けながら有用な化学物質を探し、医薬品の開発と販売はメルク社が独占的に担うという内容であった。特許は共有している。

このように、産学がライセンス（特許）や共同研究に関する契約を結び事業化する取り組みを産学連携と呼ぶが、その中でもさらに新しい現象といわれるものが、大学発ベンチャー（アカデミック・スタートアップス）である。大学発ベンチャーとは、大学が伝統的な研究・教育という領域を超えて自ら企業家活動を行うことを意味する。簡潔に表現すると、大学や研究所が関与してきたベンチャーを大学発ベンチャーと呼ぶ。関与とは、大別すると、①大学のヒト（研究者、院生、学生）が関与するケースと、②大学の技術・知識が関与するケースと、③その両者が関与するケースの3パターンが考えられるだろう。

ペプチドリームとサイバーダインのケースは、研究者が起業やその後の経営に関わり、彼らの技術をもとに起業しているので、③のケースと言える。

4　アカデミック・アントレプレナーの環境

アカデミック・アントレプレナーは、産学連携や大学発ベンチャーを担う研究者であるが、この節では、アカデミック・アントレプレナーが強く求められてきている状況を考察するために、大学発ベンチャーに焦点を絞って、現状とその背景について整理したい。

米国では、1980年のバイ・ドール法（Bayh-Dole Act）制定以降、産学連携が本格化して、シリコンバレーやボストン地域に代表されるように、大学発ベンチャーが次々と成功を収めるようになった。バイ・ドール法とは、国の資金等によるR&Dの成果である特許の所有を大学・企業等に認めるものである。

この動きは日本にも伝わり、先端的技術をベースとする大学発ベンチャーに対する期待が日本でも高まった。遅れること20年弱、日本においても、1998年に大学等技術移転促進法（TLO法）が、1999年に産業活力再生特別措置法（日本版バイ・ドール法）が制定され、全国の多くの大学や公的研究機関にTLO（技術移転機関）が設置されるようになった。TLOとは、大学教員等の研究成果を特許化して企業移転させることで特許使用料（ロイヤリティ）を大学研究に還元する仕組みを担う組織である。これらの法制度の制定により、大学の研究成果の知的財産化、共同研究の促進などが進んだ。

そのような中で、2001年には、経済産業省が「大学発ベンチャー1,000社計画」を打ち出した。2001年から3年間の間に大学発ベンチャーを1,000社設立するこ

【図 7 - 1　大学発ベンチャーの総数の推移】

出所：経済産業省（2023）『大学発ベンチャー実態等調査　報告書』、p. 9 に加筆。

とを宣言し、設立をさまざまな形で支援した。そして、これらの一連の法制度や政策の動きは、大学自身の変革をも促した。大学がTLOの設立やインキュベーション組織を設立するなどして、積極的に大学発ベンチャー創造を支援するようになっていく。経産省の2023年度調査では、3,782社の大学発ベンチャーの存在が確認されている。

　このように大学発ベンチャーは、国をあげて期待されている。その理由は、大学発ベンチャーに以下のような社会的意義があるからだ。第1に、大学発ベンチャーがイノベーションをリードすることで、競争力の高い新しい産業を生み出せる。ペプチドリームは特殊ペプチド創薬という形で医薬界に革新をもたらし、経済的価値を生み出した。サイバーダインは、革新的サイバニクス技術で超高齢社会の課題を解決することを目指し人々のQOL（クオリティ・オブ・ライフ：生活の質）をあげるという社会イノベーションを推進している。

　第2に、地域の活性化を促せる。大学発ベンチャーは、地域イノベーションの主体となって地域活性化に貢献することができる。ペプチドリーム本社は、2006年から2017年7月まで駒場の大学キャンパス内に、サイバーダイン本社は創業以来筑波大学があるつくば市にあり、それぞれの地域でのイノベーションの核になっていた。

　第3に、教育と研究という大学の本質的役割を強化できる。大学発ベンチャーが、

そのままでは死蔵してしまいかねない大学の知を活用して新たな価値を創造することで、教育・研究の現場を活性化させることができる。また大学発ベンチャーのライセンス収入等は、研究資金の獲得にもつながる。2013年のペプチドリームの上場は、東大に億単位の収入をもたらしたと言われている。一方、サイバーダインは、院生を研究開発と経営に関与させてきた。次世代を担う人材育成という面から、大きな教育効果が期待できる。

5 アカデミック・アントレプレナーシップの特徴

　大学発ベンチャーには、最初は、実用化されていない技術が存在するだけである。アカデミック・アントレプレナーは、数々の起業の難しさに直面する。事業計画と経営チームがない、会社を設立するための資本が十分でない等である。

　またアカデミック・アントレプレナーに求められる「学」のあり方も従来と大きく異なる。これまでの専門分野内での研究ではなく、もっと複雑な社会的ニーズに沿った研究を進める必要がある。そこでは、研究のパラダイム転換が必要となる。サイバーダインの山海も、既存の学問のあり方とは異なる新学術領域を創造して、事業化へと結びつけた。

　では、アカデミック・アントレプレナーシップに求められることは何だろうか。ここでは、アカデミック・アントレプレナーシップの特徴について、アントレプレナーシップの構成要素ごとにケースで検討してみよう。

❖ 企業家チーム

　アカデミック・アントレプレナー1人では起業はできない。創業時に企業家チームがつくられている。企業家チームの種類としては、経営をリードするのが誰かという視点から、以下の3パターンが考えられる。発明家（研究者）主導型、企業家主導型、投資家主導型である。ペプチドリームでは、創業時は菅が社外取締役として企業のR&Dに集中して、経営面は窪田が率いていることから、企業家主導型と考えられる。サイバーダインは、山海が研究も社長も兼ねていることから、発明家（研究者）主導型と考えられる。

❖ 経営資源と大学との関係

　ヒト・モノ・カネ・情報の中のモノ・カネについて検討したい。モノについては、ペプチドリームやサイバーダインは、大学の設備を活用してR&Dを進めている。このように、大学や公的機関の支援を活用できることが、大学発ベンチャーのメリットである。

　カネについては、ペプチドリームもサイバーダインも、理念やビジョンを大切にして経営の独立性を維持するために、VCからの影響を極力抑えているように見受けられる。ペプチドリームは初期コストを抑えるビジネスモデルを創造して、IPO（株式上場）時のVCの投資比率はたった4.75%であった。サイバーダインは、山海が1,000万円の資本金を出し、あとは銀行からの融資でスタートしている。その後、IPOを果たして市場から資金を得ているが、サイバーダインは議決権を制限した株式を発行して、徹底的に理念を追求している。

❖ ミッション

　大学で生まれた技術を社会で活用できる形にして事業化する際には、強固なミッション（使命）の存在が重要である。ペプチドリームのミッションは「特殊ペプチド創薬で人類の未来に貢献する」、「独自の創薬プラットフォームシステムPDPSを活用し、特殊ペプチドによる創薬を完成させることにより、アンメット・メディカル・ニーズ（未だ有効な治療方法がない医療ニーズ）に応え、世界中にいる疾病で苦しむ方々に貢献する（2015年当時）」である。

　サイバーダインのミッションは、未来開拓への挑戦であり、「サイバニクス（人・AIロボット・情報系の融合複合）技術を駆使して、人に寄り添う革新的テクノロジーの研究開発から社会実装に至るまで、社会が直面する課題を解決し、その解決法を基に新産業を創出する。その結果、その開拓過程を経験する新たな開拓者たちがここから生まれる（2015年当時）」ことを目指している。このように、社会の課題解決や変革を志向した強固なミッションが根底にある。

❖ ビジネスモデル

　ペプチドリームは、独自技術を持ち、それをシステム化・プラットフォーム化して、特許ポートフォリオで強固に守っている。この強固な資源的優位性は、交渉力の強さを生み出すことになり、名だたるグローバルな大企業を相手にして、有利な

ビジネスモデルを組み立てることを可能にした。創薬プロセスを細かい段階に分け、その全ての段階で課金できるビジネスモデルである。

　サイバーダインは、売り切り販売ではなく、レンタル方式で事業を拡大した。レンタル先から使用状況のビッグデータを集め、HALの改良につなげるというループを描いた。

　両社ともに、ミッションや理念追求に向けて、一貫したビジネスモデルを構築して運営している。

❖ ネットワーク

　「こんなに世界の大手製薬と提携ができている日本企業は、バイオVBだけでなく製薬会社にもない」と言われるように、ペプチドリームのネットワーク（提携先）は、グローバルに広がりをみせている。

　サイバーダインも部品や加工に関して国内外の企業と連携してHALを生産している。また、HALによる革新的なロボット治療の有効性を示すために不可欠な医学界との密接な連携ネットワークも構築しており、新医療機器としての薬事承認取得および保険適用を成し遂げている。

6 おわりに

　本章では、アカデミック（学）の世界から生まれるアントレプレナーについてみてきた。アカデミック・アントレプレナーシップとは、大学（アカデミック）での知の習得・創造・伝播といった営みを、ベンチャー創造や産業イノベーションへと飛躍させる主体的動きであることが伝わっただろうか。未知の世界への困難な飛躍ではあるが、そこでアカデミック・アントレプレナーたちが頑張れるのは、1つは知の産業化の社会的意義への理解と、ミッション・理念に反映される想いの強さにあり、1つはその想いを実現するためのマネジメントの工夫である。

　読者も、大学生活や人生において、さまざまな形で知と向き合うわけであるが、知との関係をいかに能動的・主体的なものにできるか。そして人類・社会に役立つものにできるか。アカデミック・アントレプレナーシップの本質とは、研究者にだけではなく、我々すべての人間に問われていることにつながる。

━━ Column 7 － 2 ━━

アカデミック・アントレプレナーと役割葛藤

　アカデミック・アントレプレナーシップを発揮する上では、学（アカデミック）と産（企業）という存在理由の異なる組織原理の間で、幾つかの役割葛藤に陥る可能性がある。アカデミックは本来、研究、教育、啓蒙といった形で公共財として知の育成を目指す性格を持ち、企業は逆に、知を囲い込むことで利益を上げる性格を有す。このことによって、アカデミック・アントレプレナーは、アカデミックの知識普及という本来の目的を制限しなければならない局面と向き合う可能性がある。さらに言うと、アカデミックが公共財としての知識普及という使命から外れて、ライセンス収入の極大化に走る危険性も指摘されている。

　またアカデミック・アントレプレナーは、利益相反や責務相反問題といった課題にも直面することになる。利益相反とは、アカデミック本来の役目である社会への貢献と他の利益との両立の難しさを意味して、金銭・その他の関係により、研究成果の発表に際して、研究者の専門的判断を損なう、または損なわれる状況を指す。責務相反とは、複数の職務を抱えることで生じる時間配分に絡む問題で、本来業務に加えて、事業化に時間を費やすことで本来責務がおろそかになることを意味する。

? 考えてみよう

1. 自分の住んでいる地域のアカデミック・アントレプレナーを探して、その事業やアントレプレナーシップの特色を考えてみよう。
2. 世界のアカデミック・アントレプレナーを1人選び、その創業プロセスを検討してみよう。
3. アカデミック・アントレプレナーが日本社会に増えるために必要なことは何か、考えてみよう。

参考文献

渡辺孝編著『アカデミック・イノベーション：産学連携とスタートアップス創出』白桃書房、2008年
金井一頼編著『大学発ベンチャーの日韓比較』中央経済社、2010年

次に読んで欲しい本 ————————————————————●

上阪徹『リブセンス（生きる意味）』日経BP社、2012年

大滝義博・西澤昭夫編『大学発バイオベンチャー成功の条件：鶴岡の奇蹟と地域
Eco-system』創成社、2014年

スコット・シェーン（金井一頼・渡辺孝監訳）『大学発ベンチャー：新事業創出と
発展のプロセス』中央経済社、2005年

鈴木健吾『ミドリムシ博士の超・起業思考 ユーグレナ最強の研究者が語る世界の
変え方』日経BP社、2021年

第7章

第**8**章

ソーシャル・アントレプレナー

—アントレプレナーは社会的問題を解決できるのか?

第1章
第2章
第3章
第4章
第5章
第6章
第7章
第8章
第9章
第10章
第11章
第12章
第13章
第14章
第15章

1　はじめに

　国内外を問わず、人間社会には貧困、不平等、差別、虐待などの問題が未解決なまま残されている、と言えないだろうか。例えば、国際労働機関の2020年版の報告書によると、全世界で児童労働者の数は１億6,000万人にのぼり、世界の子供人口の9.6％に該当する。

　他方、多くの人々がより良い生活を実現できる社会をつくりだすことを目指して、社会の抱える問題に対して斬新な切り口からアプローチし、際立った成果をあげる実例もある。一例に、世界で約９億人が直面している衛生的な水が不足する問題の解決に向けて、2005年に立ち上がったスペインのベンチャー（アクアファイテックス社）がある。同社では、植物物質を使った電力不要の水質浄化装置を用いて、世界５カ国の電気のままならない地域で、毎日30万人に安全な飲料水を安価に供給し、2010年から2012年までの３年間で約400万米ドルの売上を達成している。

　解決例の背後には、事業や経営の仕組みを練り上げ、実践する人物たちが存在し、彼らはソーシャル・アントレプレナー（社会企業家）と呼ばれる。ソーシャル・アントレプレナーは、これまで主に政府機関や非政府組織などが担ってきた社会的問題の解決に対して、新しい角度から取り組む主体として注目を集めているのである。

　本章では、コーヒー業界における貧困問題への取り組みの事例を通して、ソーシャル・アントレプレナーが展開する活動の基本的な特徴をみていくことにしよう。

2　COEプログラムの成立と展開

❖ コーヒー豆生産地における貧困問題

　世界銀行の2022年版の報告書によると、１日2.15米ドル以下の生活を余儀なくされている貧困者は世界で７億1,900万人にのぼる、と言われる。とくに深刻なのは、カカオやコーヒー豆などの農産物への輸出依存度の高い発展途上国である。コーヒー豆を生産する小規模農園は経済的に困窮し、債務を抱えて生活が立ち行かなくなるケースが問題視されている。

背景にはコーヒー豆に特有の取引制度がある。第1に、コーヒー豆の価格は先物取引市場の市況によって大きく変動し、ときには生産コストを下回る価格で売らざるをえないのである。第2に、コーヒー豆は様々な農園で収穫された豆を混ぜた状態で取引され、出荷量の少ない小規模農園が良質な豆を生産しても買取り価格に反映されない状況であった。

　小規模農園の貧困は、児童労働の問題をも引き起こしている。生産コストを抑えるために、義務教育期にある子供を学校に行かせずに、彼らを毒性の強い殺虫剤を噴霧するなどの危険な仕事、厳しい環境下での長時間労働などに従事させることも起きている。

　こうしたコーヒー豆の生産地における貧困は、焙煎業者が良質なコーヒー豆を農園から直接に購入するスペシャルティ・コーヒー市場が定着するとともに、少しずつ改善に向けて状況が変わり始めている。状況の改善に大きな貢献をしているのが、カップ・オブ・エクセレンス（Cup of Excellence, COE）プログラムと呼ばれる品評会を運営する非営利組織ACE（Alliance for Coffee Excellence Inc.）と、同組織を立ち上げたジョージ・ハウエルとスージー・スピンドラーである。

❖ 2人のアントレプレナーの出会い

　ハウエルは、イエール大学で歴史学と文学を学び、芸術作品の仲買人を経験した後、米国ボストンで良質なコーヒー豆を浅煎りで淹れるコーヒーの提供に特化した珈琲店（カフェ・コネクション）を1975年に開業した。ハウエルは、1994年に同店をスターバックスに売却するまでの約20年にわたり、品質にこだわったコーヒーを提供する第一人者として業界で有名になる。彼は店舗の売却後、コーヒーコンサルタントとして活躍していた。

　他方、スピンドラーは、サンダーバード経営大学院で国際経営を学び、市場調査会社を経て、国際コーヒー機関（International Coffee Organization, ICO）で米国の若年層に対するコーヒー消費の拡大キャンペーンのコンサルティングに従事していた。

　農地特有の地理的条件が生み出すユニークな香味のあるコーヒーを意味する「スペシャルティ・コーヒー」の概念自体は、1978年から提唱されていたが、業界を変えるインパクトを生みだすまでには至らなかった。世界最大のコーヒー消費国である米国で1982年にスペシャルティ・コーヒー協会（Specialty Coffee Association of America, SCAA）が設立されたり、世界最大のコーヒー生産国

であるブラジルで1991年に小規模農園が集まってスペシャルティ・コーヒー協会（Brazil Specialty Coffee Association, BSCA）が設立されるなどの動きはあったが、コーヒー業界の中では小さな変化であった。

　大きな転機になったのは、1997年に国連機関である国際貿易センター（International Trade Center, ITC）が、ICOと共同で「グルメコーヒープロジェクト」を立ち上げたことであった。当時、コーヒー市況が乱高下して農園の経営が立ち行かなくなり、コーヒー豆への輸出依存度の高い発展途上国の経済状況が悪化した。同プロジェクトは、ラテンアメリカとアフリカのコーヒー生産国5カ国に対して、高品質なコーヒー豆の生産を促し経済的な自立を支援する内容であった。

　ハウエルはブラジル産コーヒー豆の品質コンサルタントとして、スピンドラーはプロジェクトのマーケティング担当として、それぞれ同プロジェクトに参画し、出会うことになる。彼らは、小規模な農園が流通ルートを見つけ出すことができず、コーヒー豆の栽培から十分な収入が得られていない現実を目にする。ハウエルは、ブラジルの生産者たちとともに、コーヒー豆のサンプルを米国の焙煎業者や輸入業者に送り続けたが、反応は芳しくなかった。プロジェクトは次第に行き詰まっていくのである。

❖ 革新的な取引スキームの開発と普及

　ハウエルは、プロジェクトの先行きが見えないなかで、ブラジルでコーヒー豆の国際的な品評会を開催し、高評価の豆をインターネットでオークションにかけるアイディアを思いつく。インターネットで広く入札者を募り、オークション方式によって品評会で勝ち残ったコーヒー豆の価値を定め、入札者と農園の直接取引を成立させる。入賞した生産者に対して賞金を出すとのアイデアもあったが、「際立ったコーヒーを見つけ出し、コーヒーの品質に見合う額を生産者に支払う」とのプロジェクトの目標に適う方法としてオークション方式が採用された。

　ハウエルはコーヒー豆の品質を審査するルールの体系化に、スピンドラーはSCAAの協力を得てインターネット上でのオークションシステムの開発にそれぞれ着手し、運営の基礎をつくっていく。公正な審査基準の開発、生産履歴を含めた透明性の高いコーヒー豆の取り扱い、小ロットでの出品と取引の実現．彼らがビジネスで培ってきた経験が活かされていった。

　1999年には、BSCAとSCAAから支援を得て「ベスト・オブ・ブラジル」の名を冠した品評会の開催にこぎつける。ブラジル国内の350以上の農園からコーヒー

豆を集め、４日間のカッピングを経て入賞として選ばれたのは、10の豆であった。インターネットオークションを試験的に実施し、先物取引市場の価格を大きく上回る値がつくなど大きな反響を得たのである。

　2000年にグルメコーヒープロジェクトへの資金援助が打ち切られたが、翌2001年、グアテマラの生産者グループから品評会を開催したいとの要望が届いた。こうした中、スピンドラーは品評会とネットオークションの仕組みを「カップ・オブ・エクセレンス（COE）」プログラムと名づけ、世界各地での開催を目指して、ハウエルとともに同プログラムのパッケージを整えていく。2002年、ハウエルとスピンドラーは、全世界でCOEプログラムを継続して運営する事業体として非営利組織のACEを共同で立ち上げる。大規模なプログラムを毎年、各地で継続して開催するには、組織的な運営体制と資金の受け皿が必要であったためである。

　グアテマラで開催した後、ニカラグア（2002年）、エルサルバドル（2003年）、ホンジュラス（2004年）、ボリビア（2004年）、コロンビア（2005年）、コスタリカ（2007年）、ルワンダ（2008年）、ブルンジ（2012年）、メキシコ（2012年）、ペルー（2017年）、エチオピア（2020年）、インドネシア（2021年）、エクアドル（2021年）、タイ（2023年）と、COEプログラムの開催地が広がっていく。2016年の時点でプログラムの開催は110回を数え、2,800ロットの取引が成立し、オークションでの売上げは4,700万米ドルにのぼる。

　COEプログラムが広がるとともに、良質なコーヒー豆の栽培に努めることで、収入の向上と生活の改善につながる実績が積み重なっていく。小ロットでの直接取引を軸にするスペシャルティ・コーヒー市場が確立し、業界でのお金の流れが変わるのである。焙煎業者や問屋は生産者の品質改善努力に見合う価格を提示して豆を直接買い取り、生産者は入札価格の８割の現金収入を得る。生産者のなかには、借金の返済だけではなく、農地の買取りや品質改善への投資の資金にも充てるケースがでている。

　COEプログラムの広がりは、小規模生産者の品質への意識にも変化を与えている。フェアトレードでは、農園にとって環境基準などの認証のハードルが高い上に、コーヒー豆の品質改善に意識が向きにくかった。品評会で高い評価を受けたコーヒー豆を生産する農園や周辺地域に多数のコーヒー関係者が訪れ、期待する品質基準を伝え、継続的な取引につなげていくケースが各地で生まれている。

第8章

【写真 8 - 1　コスタリカのコーヒー農園での児童労働】

出所：International Labour Organization/J.Maillard

3 ソーシャル・アントレプレナーへの注目

❖ ソーシャル・アントレプレナーとは

　社会的問題の解決に向けた経営の仕組みを整え、革新的な方策を実践していく人物は、ひろくソーシャル・アントレプレナーと呼ばれる。非政府組織や慈善団体など、社会的な使命を果たすことを目的に活動する組織は、ソーシャル・アントレプレナーの言葉が生まれる以前から幅広く活動していた。

　ソーシャル・アントレプレナーの言葉は、バングラデシュで社会的問題の解決に従事していたグラミン銀行およびBRAC（Bangladesh Rural Advancement Committee）の2つの実例を特徴づける際に使われたのを機に、徐々に一般的になっていった。

　グラミン銀行とは、貧困層の女性を対象に無担保で少額の事業資金を貸し出すマイクロファイナンスと呼ばれる手法で、貧困問題の解決を目指して1982年に設立された銀行である。他方、BRACとは、教育分野、医療・公衆衛生分野、ジェンダー分野でのプログラムを実行し、貧困層の人々の経済的・社会的な自立を目指して、同国独立直後の1972年から活動している非営利組織である。グラミン銀行の創設者であるムハマド・ユヌスは、2006年にノーベル平和賞を受賞したソーシャル・アントレプレナーを代表する人物である。

❖ ソーシャル・アントレプレナーの役割

　社会的問題の解決には、次々と生まれる現実の問題に対して柔軟に対応し、長い時間をかけて、問題を生み出す根本を正していく方策を模索しつづける取り組みが不可欠である。政府機関が主導する活動年限のある援助プログラムでは現場の時々の状況に合わせた活動を展開しにくい。一方、営利企業の社会的責任を問うだけでは解決に向けた努力を継続しにくい。活動の基盤を寄付やボランティアの慈善的な活動に依存しては、お金の出し手やボランティアの意向に左右され、活動が安定しないなどの難しさがある。

　たとえば、貧困問題の解決に向けていくら慈善活動を展開しても、当事者たちが経済的に自立できる状況を作り上げない限り、貧困状態を抜け出すことは難しい。どのようなメカニズムで貧困という問題が生まれているか、どうすれば貧困の根を断つことができるかを見定めて、ビジネスの手法を用いて革新的な実効性のある解決策をつくりだし、実行に移していく活動への期待が、ソーシャル・アントレプレナーの言葉に込められているのである。

第8章

4 社会的問題と事業創造の機会

❖ 戦略的社会性

　ソーシャル・アントレプレナーが活躍する代表的なフィールドに、貧困、教育機会の不平等、人権侵害、環境破壊などの社会的問題がある。他方、何を社会的問題と捉えるかは、地域や時代によって異なる面があるだろう。国内では高齢化や地域活性化の問題が、一方、国外では貧困や人権などの公正さに関わる問題が取り上げられることが多い。

　ソーシャル・アントレプレナーは、それまでに社会で見過ごされてきた問題やうまく解決されていない問題を社会的なニーズとして捉え、社会的問題の革新的な解決策を提供する事業を創造する意志と使命感とを育んでいく。事業の創造を通じて社会のさまざまな問題を解決し、新しい社会的な価値の実現に貢献する構想や志向性を戦略的社会性と呼ぶ。彼らは、問題が解決されない状況の深刻さと広がりを説得的に示しながら、事業の社会的な価値に共鳴する経営チームのメンバーや協力者

を見出し、事業に投入する資金、事業展開に役立つスキルや知識などを集め、創業に向けた準備を進めていくのである。

❖ 社会的問題を事業機会へと転換

　路上生活者に販売業務を依頼する雑誌を製作し、ホームレス状態にある人々が現金収入を得る機会をつくる事業を展開するビッグイシューという英国企業がある。この革新的な事業アイデアは、化粧品製造・販売に従事するボディショップ社の共同創業者であるゴードン・ロディックが、ニューヨークで雑誌の販売で生計を立てている路上生活者の光景を目にした経験にもとづいている。

　1990年頃のロンドンでは路上生活者の増大が社会的問題になっており、500を超える支援団体が活動していた。支援団体のチャリティ活動だけでは、路上生活者が経済的に自立しホームレス状態から脱するには十分とは言えなかった。彼は自らのアイデアを携え、路上生活の経験者でありチャリティによる貧困対策に懐疑的であった出版業の人物たちを巻き込んで、1991年、ロンドンでの創刊にまでこぎつけたのである。

5　ビジネスの手法を用いた社会的問題の解決

❖ 問題解決を担う事業体の設立

　ソーシャル・アントレプレナーは、社会的問題の解決を最優先の経営目標におく事業体を立ち上げて、人材と資金を募っていく。事業を推進する組織形態には営利企業や非営利団体などがあるが、中でも、ソーシャル・アントレプレナーが設立する事業体の代表例として、社会的問題を営利事業として解決するソーシャル・ビジネス（Column 8 - 1参照）が注目されている。

　ソーシャル・アントレプレナーは、ビジネスの手法やノウハウを活用して自らの事業を推進し、経営目標の達成度と効率を問いつづけていく。ビジネスの手法を積極的に採用することが、社会的問題を革新的に解決していく取り組みに有効であるとの発想に特徴がある。

❖ ソーシャル・アントレプレナーが用いる4つの手法

　社会的問題を解決する事業を推進する過程で用いられる主なビジネスの手法として、大きく4つが挙げられてきた。①事業成果を数値で厳しくチェックし、事業計画、実行、評価からなるマネジメント・サイクルを迅速に回すこと、②社会的問題に直面している当事者たち自身が問題を継続的に解決していく経営の仕組みを構築すること、③社会的問題を解決する事業活動の継続に不可欠な利益を生みだす事業内容を組み立てること、④他の組織とパートナーシップを積極的に結び、事業の社会的なインパクトを大きくすること、である。

　①の迅速なマネジメント・サイクルの運用とは、変化する現場の状況に合わせて試行錯誤を繰り返し、ボトムアップで事業内容を練り上げて、事業の実効性を高める経営手法である。社会的問題は社会に根付いた複数の要素が複雑に絡み合っており、そもそも何が解くべき問題なのかをすぐに見定めることは難しい。ソーシャル・アントレプレナーは、現場で次々に生まれる1つひとつの課題に対して、運営コスト、生み出す雇用数、サービスの受益者数などの数値目標を定め、目標の達成度を細かくチェックしながら実態への理解を深めていく。彼らは、事前に組んだ予算や実行計画では成果が上がらないと判断すると、期の途中であっても、現場の状況に合わせて計画を柔軟に見直し、実行に移していく。

　②の当事者自身による解決の仕組みとは、収益性の基準を用いて問題解決に従事する当事者たちの責任感と努力を引き出していく経営手法である。具体的には2つのかたちがある。第1は、当事者自身に利益の追求を促す仕組みを用意して、彼らが問題解決に向けて責任をもって取り組み、活動の成果を実感しながら、自らの問題を自らの手で解決していくよう働きかけていくかたちである。低利で少額の事業資金を貸し付け、返済に向けた努力を引き出すグラミン銀行の事例や、ホームレス状態にある人に雑誌販売の仕事を依頼し、自分たちの力で収入を得る機会を提供するビッグイシューの事例が典型である。

　第2は、市場メカニズムを利用して、当事者たちの活動成果に見合う収入を実現していくかたちである。本章で紹介したスペシャルティ・コーヒー市場におけるCOEプログラムの事例では、オークション方式を採用して、高価格につながる生産者の品質改善への努力を引き出しつつ、貧困問題の解決を図っていた。

　③の営利性を備えた事業内容の組み立てとは、社会的問題の解決を推進する事業自体で利益を生みだし、長期にわたり活動を継続する財務的な基盤を整えていく経

Column 8－1

ソーシャル・ビジネス

　投資回収分を除く利益を出資者への配当に回さず、社会的な価値を生み出す事業への投資に充てる営利事業をソーシャル・ビジネスと呼ぶ。ソーシャル・ビジネスの代表例であるグラミン・ファミリーの取り組みを紹介する。

　グラミン・ファミリーは、バングラデシュで貧困層向けの融資を手がけるグラミン銀行を起源に、ソーシャル・ビジネスを展開する30以上の組織で構成されるグループである。グラミン銀行は、本文での記述の通り、マイクロファイナンスと呼ばれる手法で同国内外で貧困問題の解決に成果をあげてきた。同ファミリーには、グラミン・クリシ財団、グラミン・キャピタル・マネジメントなどの子会社および関連団体や、ダノンやアディダスなどの多国籍企業との合弁企業が含まれる。

　グラミン・ファミリーの手掛けた最初のソーシャル・ビジネスは、2007年11月から稼働した仏ダノンとの合弁事業であった。バングラデシュや他の国々で栄養不良で苦しんでいる子供たちに、ビタミン、亜鉛、ヨードなどの栄養素を入れたヨーグルトを安価に提供する事業であった。以降、グラミン・ファミリーは、アディダス、FASBなどの欧米の大企業との合弁でソーシャル・ビジネスを展開していく。

　日本企業とグラミン・ファミリーとの合弁例に、グラミン・雪国まいたけやグラミン・ユニクロがある。グラミン・雪国まいたけは、バングラデシュで緑豆を栽培し、貧しい農村部に仕事をつくるとともに、7割を日本でのモヤシ栽培用に輸出し、3割を同国内で低価格の栄養改善食品として販売する目的で2010年7月に設立された、グラミン・クリシ財団と雪国まいたけとの合弁企業である。グラミン・ユニクロは、バングラデシュで貧困層向けの安価な衣料を生産し、グラミンが農村に広げた人脈を通して販売していく目的で2011年8月に設立された、グラミン・ヘルスケア・トラストとファーストリテイリングの現地法人との合弁企業である。グラミン・ユニクロは、一定の役割を果たしたとの判断で、2023年に事業を終えている。

営手法である。ただし、ソーシャル・アントレプレナーシップ研究の分野では、営利事業として社会的問題を解決していく事業構想に力点を置く見解とは別に、社会的問題の解決を図る事業に営利性が備わっていること求めない見解もある。

　ソーシャル・アントレプレナーシップの代表例であるBRACや本章で紹介したCOEプログラムの事例では、非営利の事業体として自らの事業収入に限定せずに広く活動を継続する資金を確保している。収入や利益といった経済的な尺度を用いて投資や寄付に対する成果の大きさを報告する一方、事業活動の社会的なインパクトに関しても目標到達を報告することにより、短期間では結果の見えにくい事業活動に対する協力者の理解と支持をつなぎとめている。

　④のパートナーシップの利用とは、問題解決に大きな影響力を発揮しうる企業や組織とパートナーシップを積極的に結び、社会に対してより大きな肯定的なインパクトを与える経営手法である。ソーシャル・アントレプレナーは、自らの事業を１つの契機にして、現状に大きな変化を起こすことを目指している。

　先述したグラミン銀行とBRACの２つのプロジェクトでは、バングラデシュ全国規模での貧困の半減、妊産婦や子供の健康状態の改善、初等教育の普及といった社会的インパクトを、他方、第２節で紹介したCOEプログラムの事例では、ラテンアメリカとアフリカのコーヒー生産国における小規模農園の経済的状況の改善という大きな成果をそれぞれ得ている。

第8章

　いずれの事例でも、ソーシャル・アントレプレナーは、自らの活動を通して得た経験やスキルを開示し、社会的問題の解決に効果的なパートナーシップを組みながら活動のインパクトを大きくしているのである。COEプログラムの事例では、同プログラムを展開するなかで、国内外で類似の品評会を開催する他組織とのパートナーシップを結び、コーヒー豆の品質評価基準の統一とスペシャルティ・コーヒー市場の拡大に積極的に取り組んでいる。

6　おわりに

　ソーシャル・アントレプレナーの活動は、ビジネスのアイデアと手法を通してお金の流れや人びとの意識を変え、我々の社会をより良くするとのしなやかな発想に支えられている。

　本章を通して、経営やビジネスの考えは、お金儲けだけに役立つわけではなく、社会的問題の効果的な解決にも役立つことを理解してもらえたと思う。現在、ソーシャル・アントレプレナーの活動を支援する様々な組織が国内外に存在し、ソーシャル・アントレプレナーを志す若者を対象に経営スキルの学習プログラムを実施

Column 8 − 2

ソーシャル・アントレプレナーの活動を支援する組織

　現在、ソーシャル・アントレプレナーの活動をうながす様々な支援組織が存在している。代表例に、ASHOKA（1980年設立）、シュワブ財団（1998年設立）、スコール財団（1999年設立）がある。ASHOKAは、米国バージニア州に拠点を置き、世界的に際立った活動を展開するソーシャル・アントレプレナーをフェローに認定し、個々の取り組みのスケールを大きくする上で必要な法務面、資金面での支援をする非営利組織である。ソーシャル・アントレプレナーをつなぐネットワークを大きくするとともに、世界の小学校、中学校、高校、大学を対象にソーシャル・アントレプレナーの育成を支援している。ASHOKAは日本にも2011年に拠点を設置し活動している。シュワブ財団は、スイスのジュネーブに拠点を置き、毎年、ソーシャル・アントレプレナーを表彰し、表彰者に対して国際会議（世界経済フォーラム）への参加、コラボレーションに向けた主要な企業や機関とのマッチングなどの機会を提供している。スコール財団は、米国カリフォルニア州に拠点を置き、毎年ソーシャル・アントレプレナーを選定して活動に投資するとともに、ソーシャル・アントレプレナーの国際会議を英オックスフォード大学で開催している。

　日本企業でも、ソーシャル・アントレプレナーを育成する取り組みが展開されている。たとえば花王では、2010年から毎年、半年間の「花王社会起業家塾」プログラムを開催し、社会的問題の解決に向けて事業を立ちあげる若者に対して、経営ノウハウの提供に努めている。2012年からは、すでに事業を立ち上げた既習生を対象に、新規の事業展開を支援する人材を派遣するプログラムも開始している。

　オックスフォード大学、イエール大学、スタンフォード大学などの主要大学のビジネススクールでは、ソーシャル・アントレプレナーシップに特化した教育プログラムが用意されている。例えばフランスのINSEADでは、2006年からフランスとシンガポールとでソーシャル・アントレプレナーシップをテーマにしたコースが開講されている。

する日本企業も存在する（Column 8 - 2参照）。国内外の社会的問題に心を痛め、なにかできないかと考えている読者の皆さんには、ソーシャル・アントレプレナーとして活躍するキャリアも視野に入れてほしい。

?考えてみよう

1．社会的問題の解決を試みている個人や組織に関する複数の実例を調べて、リストを作成して考えよう。

2．それぞれの実例で、何の社会的問題に対して、いかなる解決策が提示され、具体的にどのような活動を通して問題解決の実現が図られているかを整理して考えてみよう。

3．それぞれの実例に関して、①社会に与える肯定的な影響の大きさと、②問題解決の継続性の2点を自分なりに評価してみよう。評価した結果にもとづき、より効果的な問題解決につながる改善案を考えてみよう。

参考文献

斎藤槙『社会起業家―社会責任ビジネスの新しい潮流―』岩波新書、2004年

デービッド・ボーンステイン、スーザン・デイヴィス（井上英之監訳　有賀裕子訳）『社会起業家になりたいと思ったら読む本：未来に何ができるのか、いまなぜ必要なのか』ダイヤモンド社、2012年

次に読んで欲しい本

佐野章二『ビッグイシューの挑戦』講談社、2010年

ビバリー・シュワルツ（藤崎香里訳）『静かなるイノベーション―私が世界の社会起業家たちに学んだこと』英治出版、2013年

ムハマド・ユヌス（猪熊弘子訳）『貧困のない世界を創る』早川書房、2008年

第8章

第 III 部

ライフステージとアントレプレナーシップ

第1章
第2章
第3章
第4章
第5章
第6章
第7章
第8章

第 9 章

アントレプレナーシップとイノベーション
―いかにしてイノベーションを実現するのか?

第9章

第10章
第11章
第12章
第13章
第14章
第15章

1 はじめに

　アントレプレナーシップはイノベーションの原動力であるといわれている。しかし、イノベーションとの関係の中で、どのように理解すべきかということは案外整理されていないのではないだろうか。実際、アントレプレナーシップはしばしばイノベーションの意味を包摂して理解されており、場合によっては同義であると認識されることもあるだろう。そこで、イノベーションの原動力としてのアントレプレナーシップをより深く理解するための糸口をつかむには、特にハイテク・スタートアップの活動原理に焦点を当て、イノベーションの理論を適用して考えていくと良いだろう。

　イノベーションは、一般的には、社会に対して価値をもたらす革新と定義できる。ハイテク・スタートアップは、革新的なアイデアや技術を基に市場を開拓し、既存の市場にない新しい価値を生み出し、顧客のニーズや要求に応える革新的な製品やサービスを提供し成長を遂げる企業の典型例である。こうした企業は、イノベーションの源泉であり、アントレプレナーシップの視点からみると、イノベーションの成果を社会へ還元する原動力となっている。

　またイノベーションとアントレプレナーシップは、ハイテク・スタートアップに代表されるベンチャー企業だけの問題だけではなく、既存の大企業においても重要である。しかし本章ではハイテク・スタートアップに絞り、その事例を通して、アントレプレナーシップとイノベーションにおける基本的な特徴についてみていくことにしよう。

2 スパイバー

　スパイバーは、2023年8月現在、未上場かつ時価総額が1,000億円を超える数少ない日本のユニコーン企業の1つである。クモ糸をベースにした新素材を開発することに成功し、その製造技術を小島プレス工業と共同開発、2014年9月には、その合弁会社を山形県鶴岡市に設立した。この革新的な繊維素材は、耐久性と伸縮性を兼ね備え、石油を一切使用せず、常温環境で製造可能な材料である。初期の生

【写真9－1　スパイバー創業者の関山和秀】

出所：共同通信イメージズ

産計画では月産100キログラムを目指し、2025年までには月産1トンへの増産を
計画している。この材料の応用範囲は広く、タイヤ、人工毛髪、人工血管、自動車
部品などに利用が考えられている。

　スパイバーの開発した新素材の発端は、慶應義塾大学先端生命科学研究所の遺伝
子組み換え技術にあり、クモの糸の主要成分であるタンパク質を人工的に合成した
ものである。試験工場では、この新素材の培養、精製、紡糸、複合素材製造といっ
た一連のプロセスが行われてきた。

　鶴岡市もこのプロジェクトを支援し、施設整備費用として約35億円の補助金を
提供し、新素材の製造が地元の雇用創出や新たな産業の開拓に寄与すると期待して
いる。他の研究者や企業との競争も繰り広げられる中、スパイバー社長の関山和秀
は、この試験研究施設が新産業の礎となると確信している。

　スパイバーの創設者である関山和秀は、元々慶應義塾大学先端生命科学研究所で
「クモ糸の人工合成」に取り組んでいた。彼のビジョンは、人工タンパク質を活用
して環境負荷を軽減し、世界平和に寄与するという壮大なものである。その手始め
としてスパイバーは、人工タンパク質の大量生産技術を開発し、アパレル業界との

提携を通じてその技術を市場展開することになった。

　スパイバーはこれまでに「QMONOS®（クモノス）」という商標を持つ新素材を事業化した。この商品は鋼の4倍の強度を持ち、ナイロンを超える伸縮性を有し、300度以上の高温に耐えることができる。スパイバーは、クモ糸の遺伝子を抽出し、それらを微生物に組み込むことで大量生産を実現し、人工クモ糸の製造に世界で初めて成功した。

　スパイバーが描く将来展望には、単にクモ糸の人工合成だけではなく、タンパク質の工業利用を完全に理解することにある。すべての生命体はタンパク質を主要な素材として使用しており、スパイバーはそのタンパク質を構成する20種類のアミノ酸の組み合わせを駆使して、多様な特性を持つタンパク質を作り出すことに取り組んできた。

　スパイバーは、鶴岡市との提携を通じて、タンパク質の使用の完全な理解に向けた新時代への道を切り開き、新素材QMONOS®の開発を推進することで、地元の山形県や鶴岡市を技術革新の世界的な都市とすることまで標榜しているのだ。

3　プロダクトイノベーションとプロセスイノベーション

❖ イノベーションのタイプは時系列で強調点が異なる

　イノベーションは、いくつかの観点から区分できる。プロダクトイノベーションとは、新しい製品やサービスを開発したり、既存の製品やサービスを改良したりすることで、製品の基本構造を決める取り組みを指す。プロダクトイノベーションを捉える際には、目的とする製品やサービスの生産手順や効率などの考え方を差し挟まない。一方、プロセスイノベーションは、製品やサービスの製造方法を開発することで生産効率や品質を向上させ、コストや時間の削減や、環境配慮なども考慮した一連の取り組みを指している。この考え方に基づくと、スパイバーの事例におけるプロダクトイノベーションとは、クモの糸をベースにした新素材の開発にほかならない。さらにプロセスイノベーションは、小島プレス工業と共同開発した製造技術がそれに相当する。

　プロダクトイノベーションとプロセスイノベーションは相互に影響し合う関係にある。プロダクトイノベーションは、画期的であるほど、それを実現するための新

Column 9 － 1

イノベーションに有利なのは、大企業か？　中小企業か？

　企業規模とイノベーションに関する議論に注目したのは、かの高名な経済学者のシュンペーターである。当初、シュンペーターは、ベンチャーなどの小規模企業のアントレプレナーシップが、新しい産業分野への進出やイノベーションにとって重要だと主張し、アントレプレナーの役割を重視していた。しかしのちにシュンペーターは、産業がある軌道に乗り始めてからのイノベーションは、多くのコスト負担や販売力を考えると、いずれ多くが大企業でなされるようになると主張し、企業内部のイノベーションを重視する姿勢を見せた。前者をシュンペーター・マークⅠ、後者をシュンペーター・マークⅡとよぶことがあり、どちらが実態に近いか研究が積み重ねられている。

　シュンペーター以外にも、大企業のほうが中小企業よりもその規模の大きさゆえにイノベーションの能力が高いという主張があり、その主な理由として、研究開発費の規模の大きさが、より大きなイノベーションを導くのではないかと説明されている。しかし、その後の調査から、企業の規模が、研究開発投資やイノベーションの効果を高めることにさほど積極的に貢献しないという主張や、イノベーションにおける大企業の影響および中小企業のイノベーションに及ぼす影響のどちらについても十分な論拠がないという意見まで存在し、未だ決定的な証拠が得られていない。

　しかし、これまでにも多くのイノベーションは大企業からもたらされてきたように思える。ただイノベーションが比較的活発なベンチャーのような中小規模の企業は、相対的に大企業の研究開発投資割合を超えることが知られている。逆に、大企業の研究開発投資を、イノベーティブな中小企業と同じ割合だけ行えるとしたら、大企業がもたらすイノベーションは今よりもっと大きくなるはずだという主張も存在している。単純に研究開発投資額だけでイノベーションの能力を推し量っても良いのだろうか。少ない研究資金で大きな成果を上げてきたベンチャーの事例などもよく聞く話だ。

しい生産技術を必要とすることがあるため、プロセスイノベーションが重要となることも少なくない。製品にもよるが、製品開発の後期には、プロセスイノベーションを担う生産技術担当の人材が開発に加わることもある。そのため、プロセスイノベーションはプロダクトイノベーションを促進する機能の１つと捉えても良いかも

しれない。確かに、プロセスイノベーションは技術に主眼を置いた戦略を効果的にする際に重要な要素となることが多い。さらにプロセスイノベーションによって新しい製品の開発が容易になれば、顧客志向に基づく戦略を推進することに対して効果的となるはずだ。スパイバーは決して開発当初から顧客志向だったとはいえないかもしれないが、小島プレス工業と安定的に生産可能な技術を共同開発するプロセスイノベーションに注力したことで、アパレル業界への進出機会が拓けてきたといえる。

❖ イノベーションのダイナミクス

　プロダクトイノベーションとプロセスイノベーションの関係は通常、イノベーションのダイナミクス・モデルとして図9‐1のように示される。まず流動期においては、頻繁に主要な製品変化が生じることが想定され、プロダクトイノベーションが優勢であると同時に、製品変化に適合可能な生産工程技術が求められるため、技術開発上のさまざまな試行錯誤が活発化する。よって流動期における組織は、非公式かつアントレプレナーシップが求められるとされている。スパイバーの事例は流動期までしか達していないと捉えるべきだが、現段階でも流動期を乗り切るための重要な示唆が含まれている。つまり、ベンチャーとしてのスパイバーは、大企業

【図9‐1　イノベーションのダイナミクス】

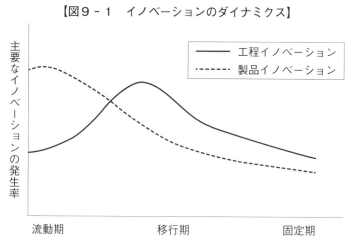

出所：J. M. アッターバック『イノベーション・ダイナミクス』（大津正和　小川進監訳）有斐閣（1998）p.7.「図0‐1　イノベーションのダイナミクス」を参考に作成

ほど組織的に安定しているとはいえないかもしれないが、プロダクトイノベーションを進めるためのアントレプレナーシップを推進することには適している。

　一般に、ベンチャー企業がプロダクトイノベーションを実現したとしても、独自の生産技術を確立するためのプロセスイノベーションまで手が回らないことが多く、プロダクトイノベーションに関わる技術の売却を選択することもある。しかしスパイバーでは小島プレス工業というパートナーを得たことで、イノベーションのダイナミクス・モデルにおける流動期を乗り切ろうとしていると考えることもできよう。

　続く移行期では、ドミナントデザインという業界の支配的な標準に関心が注がれる。製品として業界の中で一致した標準的な製品仕様ともいうべきドミナントデザインが現れると、技術的に深耕していく領域が絞られていくため、生産工程もそれに対応する形で取り組まれ特定の方式に収斂していく。これにより組織的にもプロジェクトや仕事単位のグループが形成され公式化が進んでいくと考えられる。すなわち、この時期のプロダクトイノベーションはドミナントデザインの中で製品の多様性を広げることに注力することになる。

　一方、プロセスイノベーションは、需要の増大に伴って生じる工程変化に対応することが主たる目的となる。スパイバーの場合、小島プレス工業とのパートナーシップを継続するか、生産技術を自社内で確立するかといった選択に迫られるかもしれない。場合によっては、パートナー企業を自社内に吸収するという意思決定もありうるだろう。

　最後の固定期は、ほぼ差別化の競争のない標準化された製品が優勢となる時期である。この時期のプロダクトイノベーションは、漸進的な製品技術に焦点が当てられ、品質における累積的な改善が主たる活動となる。そのうえでプロセスイノベーションにおいても同様に、漸進的なプロダクトイノベーションにおける累積的な改善に対応していくことになる。しかしスパイバーの将来展望は、クモの糸の人工合成だけでなく、タンパク質の使用の完全理解にあるため、イノベーションのダイナミクス・モデルにおける固定期をこのまま単純に迎えるということにはならないだろう。流動期や移行期を超え、更なるプロダクトイノベーションを推し進めた後に、それに対応したプロセスイノベーションを内部化するのか、はたまた外部化するのか、という意思決定を繰り返していくことになるはずだ。

4 持続的イノベーションと分断的イノベーション

❖ 漸進的改善が落とし穴になる？

　持続的イノベーションとは、既存の製品やサービスの改良を積み重ねるイノベーションを指している。一方、分断的イノベーションとは、既存の製品やサービスを置き換えるような新しい製品やサービスが市場投入されることで、持続的にイノベーションを進展させてきた既存の技術進歩の軌道が分断され、それとは異なる別の製品やサービスのイノベーションに置き換わっていくことを意味している。

　図9‐2は持続的イノベーションと分断的イノベーションの関係を図示した概念図である。まず破線のように顧客の要求する水準の上限と下限を想定し、破線内に位置している先行技術が存在しているとする。ほどなく先行技術の製品より小型化で使い勝手が良いが技術的性能などが今一つの、顧客の要求に達していない後発技術の製品が登場したとしよう。先行技術の製品が漸進的なイノベーションを繰り返し、性能向上を進めていった場合、やがて先行技術が顧客の要求の上限を追い抜いてしまう。この時点で、先行技術の進むべき進路は途絶し、新たに後発技術へと道を譲ることになる。こうした後発技術に関わるイノベーションを分断的イノベーションと呼び、先行技術に対応するイノベーションを持続的イノベーションと呼んでいる。ここで持続的イノベーションとは、企業が既存市場において競争力を維持するために必要な活動であり、既存の製品やサービスを漸進的に改善することである。これにより顧客からの評価を確固たるものとし、市場における競争力を維持することになる。しかし製品開発を行う行為としては当然の持続的イノベーションの取り組みが、突如として途絶してしまうことがこの理論の最も注目すべきポイントだ。

　では、スパイバーの事例において持続的イノベーションについて考える際に、アパレル産業に材料を納める繊維産業をイノベーションの舞台として想定してみよう。確かにスパイバーの開発したQMONOS®は従来の合成繊維全般を置き換える力があるかもしれない。しかし、鋼の４倍の強度、ナイロンを超える伸縮性、300度以上の高温に耐えるなどといった飛び抜けた性能は、アパレルという業界では顧客の要求性能をはるかに追い抜いてしまっていると考えることもできるかもしれない。

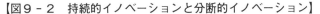

【図9-2　持続的イノベーションと分断的イノベーション】

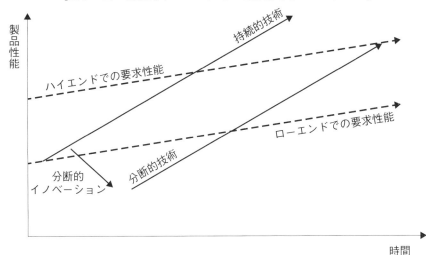

出所：クレイトン・クリステンセン『イノベーションのジレンマ』（玉田俊平太監訳）
　　　翔泳社（2000）p.10.「図0.1　持続的イノベーションと破壊的イノベー
　　　ションの影響」を参考に作成

第9章

❖ 進むべき道を途絶させることもある

　一方、分断的イノベーションは、既存の製品やサービスを置き換えるような新し
い製品やサービスを開発することから生じる。このことで最も有名な事例は、ハー
ドディスク業界において磁気ドライブが小型化することを可能としたイノベーショ
ンの事例である。ハードディスクは、その構成部品である磁気ドライブが小型化す
ることで汎用性が高くなる一方で、最初に投入される製品の容量は既存の製品より
劣る状態なのが通例だった。しかし小型化された磁気ドライブが市場投入された後、
徐々に容量を向上させ、市場のローエンドで求められる容量に達したとき、既存製
品を置き換えていったのである。ハードディスクにおいては磁気ディスクの直径が
14インチ、8インチ、5.25インチ、3.5インチ、2.5インチと推移し、持続的イノ
ベーションを進めている既存製品に対し、スケールダウンした新製品が出現するた
びに、それが分断的イノベーションとなり既存製品をことごとく置き換えていった。
　ここでスパイバーの事例における分断的イノベーションを考えてみたい。まずス
パイバーの将来展望は、タンパク質の工業利用を完全に理解し、そこから派生した

製品やサービスを開発することにある。そうすると、スパイバーの事例においては、アパレル産業における繊維だけがスパイバーのターゲットとする持続的イノベーションではないはずだ。すなわち、タンパク質の工業利用全般が戦略の射程に入ってくるので、その領域は大変広いため適切に戦略を策定することは困難かもしれない。しかしスパイバーが展開する技術領域の中で、既存技術を置き換える可能性を有する市場を適切に選択し、そこで分断的イノベーションを引き起こすことが出来れば、自社に有利な製品領域でドミナントデザインを確立することも可能となるだろう。

　先のハードディスクの事例において、小型化の進行は常に同じ企業同士の競争によってもたらされた訳ではなかった。例えば8インチが投入された後に新規参入した企業は2/3ほどであった。その後、5.25インチが投入された後も80%は新規企業であった。この事実は各インチに基づく製品が、ある種の別の業界を形成していたようにみるべきかもしれない。事実、同じディスクドライブであっても使用される用途が異なっており、かつ場合によっては要素技術のサプライヤーが異なることもある。このように製品ごとに形成される川上から川下までのつながりをバリューネットワークと呼び、類似の製品でもサイズなどに応じてバリューネットワークが異なるとみるべきなのだ。このことが、持続的イノベーションを進めている企業が、類似の製品を扱いながらも、新しい業界ともいうべき分断的イノベーションを司る企業の製品領域に移行することが出来なかった理由となっている。

　スパイバーの場合、小島プレス工業のようなパートナー企業が存在するものの、今後、タンパク質の工業利用の完全理解を目指すためには、さまざまなステイクホルダーと柔軟に連携していく必要があろう。現時点で固定的なパートナーは少ないはずなので、もしスパイバーのいずれかの技術に対する分断的イノベーションが生じたとしても、バリューネットワークが足かせとなることはまだまだ少ないとみることができるだろう。

5　ユーザー・イノベーション

❖ 真のイノベーターはだれか

　MITのエリック・フォン・ヒッペルは、イノベーションの源泉に関する議論の中

で、製品の使用者が主導する「ユーザー・イノベーション」という考え方を提唱している。これは、伝統的にイノベーションの源泉とされてきたビジネスプロセスの上流に位置付けられる製造業者や研究機関だけでなく、川下のユーザー自体もイノベーションの重要な源泉となり得るという考え方である。

　ユーザー・イノベーションとは、ユーザー自身が自らのニーズを最もよく理解しているという考えから、彼らが新たな製品やサービスのアイデアを生み出したり、メーカーが開発した製品に意見を与えたり独自の改良を加えるなど、製品の本質的価値をユーザーが具現化することを指す。こうしたユーザーを特にリード・ユーザーと呼び、ユーザー・イノベーションの主要なプレイヤーと位置付けられている。

　例えば、スポーツ業界では、アスリート自身が自分たちのパフォーマンスを向上させるための新しい道具や方法を開発し、それが新たな製品として市場に広まるという事例が見られる。あるいは、機械加工の熟練した職人が自分たちの使用する工作機械を効率化するための新しい治具や作業手順を独自に開発することもある。スパイバーの事例でいえば、同社が開発した人工タンパク質材料をアパレル企業が使用することで、材料開発により有益なフィードバックを与えることができるとともに、スパイバー自身もコンシューマーの思いもよらぬ使用法などに直に触れることを可能としている。材料技術は多くの場合、素材の売り切りで終わるというビジネス形態も可能だが、スパイバーは素材の循環も視野に入れているため、コンシューマーによる製品の使用から廃棄といった現実に触れる機会も有している。こうした点は、提携しているアパレル業界のユーザー・イノベーションの動向と連動してプロダクトイノベーションを展開しているとみることも可能だ。

❖ 情報の粘着性

　先のエリック・フォン・ヒッペルは、ユーザー・イノベーションの考え方と関連して、情報の粘着性仮説というものも提唱している。情報の粘着性とは、ある情報が持つ「移動の困難さ」を指し、情報が元の場所から別の場所へ伝達される際に必要な時間、労力、または費用のことを指す。

　情報の粘着性は、情報の複雑性、専門性、非構造化度、そしてその情報からの距離によって増加するとされている。言い換えれば、そこでしか再現できない特別な状況や個々の経験に深く根ざした情報は「粘着性」が高くなる。そのためこうした情報は、その情報を有する個人や組織から他の個人や組織へ移動するのが困難になるというわけである。

第9章

　また粘着性の高い情報は、その情報を持つ者が自ら活用することが最も効率かつ効果的であるとされている。そしてこの考え方は、ユーザー・イノベーションに直結している。すなわち、それぞれのユーザーが特定の問題に直面している場合、その問題解決に必要な情報は、ユーザー自身の経験や視点に深く根ざしていることが多いため、ユーザーこそが最も効率的かつ効果的にその情報を活用し、新たな解決策を開発することができる最前線にいるはずなのだ。

　ここで、スパイバーの事例における情報の粘着性とは、ユーザー・イノベーションに深く関わっているアパレル業界の素材の使用情報に他ならない。スパイバーの開発した素材をアパレル業界が使用する場合、従来の繊維素材とは様々な点で異なるため、新たなデザインや縫製手法などが開発されることもあるだろう。そうした情報はスパイバーにとって有益ではあるが、スパイバー自身がアパレル業界に属し経験を蓄積してきたわけではないため、簡単にアパレル側で生成した情報をスパイバーに移動させることは困難だといえよう。よってこの場合、アパレル側に高い情報の粘着性があるとみることができるため、そのユーザー・イノベーションの成果を享受するためには情報の粘着性の問題を克服しなくてはならない。そこで、スパイバーとしては素材の「売り切り」ではなくアパレル業界との具体的な連携を選択していくことになったのだと考えることも可能だ。

　加えて、スパイバーが小島プレス工業と共同で製造・生産技術を確立した事実も、情報の粘着性と関係があるといえるかもしれない。スパイバーの画期的な技術である「クモ糸をベースにした新素材」がラボラトリーベースで実現したとしても、それは単なるプロダクトイノベーションにすぎない。高く安定した品質の製品を持続するにはプロセスイノベーションが欠かせない。新技術を開発したスタートアップが量産化に踏み切れず、技術をライセンスアウトしたり、量産可能な大企業に技術のみならず会社そのものを売却したりする場合も少なくない。そこでリソースに制限のあるスタートアップが、その新技術を保持し続けるためには、生産技術を保有しプロセスイノベーションを実現するパートナー企業を見つけ出す必要がある。スパイバーの場合、小島プレス工業との共同開発を通じて生産・製造技術開発の当事者になることで、生産を外部に丸投げした場合に生じたかもしれない情報の粘着性の問題を克服し、プロセスイノベーションにおけるユーザー・イノベーションを実現していると考えることもできよう。

Column 9－2

イノベーションの普及についてのあれこれ

　エベレット・ロジャーズのイノベーションの普及理論では、新しいアイデアや技術が採用される過程において、社会のメンバーを5つのグループ、すなわちイノベーター（革新者）、アーリーアダプター（初期採用者）、アーリーマジョリティ（初期多数派）、レイトマジョリティー（後期多数派）、ラガード（遅れて採用する人々）に分類している。

　イノベーターとは、新しいアイデアを採用する最初のグループで、全体の2.5％を占めている。彼らはリスクを受け入れ、新しいアイデアを試すことを楽しむ冒険的な人々だ。イノベーターは一般に、他の多くの人々とは異なる視点を持つことが多く、広範なネットワークを持っている。またアーリーアダプターはイノベーターの次に現れ、全体の13.5％を占める。彼らは製品のインフルエンサーのような役割を果たすことが多く、その意見は多くの人々から尊敬され影響を与える。また彼らは新しいアイデアを採用することで、他の人々がそのアイデアを採用するのを助ける役割を果たす。続くアーリーマジョリティは次の34％を占めている。彼らは新しいアイデアを採用する前に、それがどのような結果を招くかを見定めてから判断することが多い。そのため彼らの多くは、アーリーアダプターからの情報を頼りに慎重に採用の決定を行っているといえる。レイトマジョリティーはその次の34％を占めている。彼らは新しいアイデアを採用する前に、多くの人々がそれを採用していることをどちらかというと懐疑的にみている。彼らは、アイデアが広く受け入れられ、リスクが少なくなるまでとことん待つのだ。最後の、ラガードは残りの16％を占めている。彼らは新しいアイデアに対して非常に慎重で、因習的な価値観を好む傾向がある。そして新しいアイデアを採用する前に、それが確固たるものであることを確認する。

　また、イノベーションが普及する速度に影響を及ぼす5つの要素も特定されている。1つ目は、相対的優位性であり、イノベーションが以前のアイデアや方法よりも優れていると認識される程度である。2つ目は、両立可能性といい、イノベーションが個人や組織の既存の価値観、過去の経験、またはニーズとの互換性の高さである。3つ目は、複雑性であり、イノベーションを理解し、使用するのがどれだけ容易かについての程度が重要だとされている。最後は、試験可能性というものであり、イノベーションを試すことができる程度と表現され、イノベーションの結果が他の人々にとってどれだけ観察可能かが普及速度に影響を与えるとされている。

第9章

6 おわりに

　ハイテク・スタートアップには、時間軸とそれに対応するイノベーションの性質を考慮した戦略が求められる。本章で紹介したスパイバーのように、素材系企業やある種のディープ・テック企業が製品を市場投入する際に、製品の量産化まで自社で賄うことが困難であるという問題に直面する。ハイテク・スタートアップにはプロダクトイノベーションよりもむしろプロセスイノベーションの考慮こそがより求められる可能性が高いというわけだ。その場合のプロセスイノベーションは、スパイバーのように、近年流行りのファブレスのような外部委託だけではなく、情報の粘着性を考慮した製造技術企業との綿密な共同開発が、強いモノづくりの基盤を築くことにつながることもある。また自社がイノベーションの主役になるか、脇役に徹するかどうかは分断的イノベーションの行方を常に見守っていかなくてはならない。合わせて時間軸の縦糸と横糸を適切に紡いでいく重要性についても強調しておきたい。

❓考えてみよう

1．イノベーションについてほかにどのような考え方があるのか調べてみよう。
2．日本にスパイバー以外にどのようなユニコーン企業があるか調べてみよう。
3．製品の特徴に応じたイノベーションについて考察してみよう。

参考文献

J. M. アッターバック（大津正和・小川進訳）『イノベーション・ダイナミクス：事例から学ぶ技術戦略』有斐閣、1998年

クレイトン・クリステンセン（伊豆原弓訳・玉田俊平太解説）『イノベーションのジレンマ：技術革新が巨大企業を滅ぼすとき』翔泳社、2000年

E. フォン・ヒッペル（榊原清則訳）『イノベーションの源泉：真のイノベーターはだれか』ダイヤモンド社、1991年

エベレット・ロジャーズ（三藤利雄訳）『イノベーションの普及』翔泳社、2007年

次に読んで欲しい本 ─────────────────────────────── ●

マーク・ドジソン、デビット・ガン（島添順子訳）『イノベーション：世界を変える発想を創りだす』白水社、2023年

トーマス・H. バイヤーズ、リチャード・C. ドーフ、アンドリュー・J. ネルソン（北岡和義・野地澄晴・田中雅範訳）『テクノロジーベンチャー：経営大全─アイデアから企業の成功へ』現代図書、2023年

第9章

第1章
第2章
第3章
第4章
第5章
第6章
第7章
第8章
第9章
第10章
第11章
第12章
第13章
第14章
第15章

第 **10** 章

誕生・成長初期の
アントレプレナーシップ
—どのようなビジネスモデルで
勝負するのか?

1　はじめに

　われわれが普段使用している製品・サービスは、アントレプレナー（企業家）のどのようなアイデアが、いかなるプロセスで、ビジネスになったものなのだろうか。本章が扱う、アントレプレナーシップにおける誕生・成長初期（スタートアップ期）は、企業家が思いついたビジネスアイデアを、顧客を満足させることができる具体的な製品・サービスに変え、そしてそれらを、収益があがる具体的なビジネスへと結び付けていく時期とされる。企業家が抱くビジネスアイデアは、そのまま放置していては具体的なビジネスになることはない。では、企業家は具体的にはどのような活動をスタートアップ期に行うのだろうか。

　この時期、企業家は大きく３つの活動を行う。それは、①事業機会を認識してビジネスを具体化すること、②そのビジネスの核となる事業コンセプトを練り上げること、そして、③収益をあげることができる具体的な事業の仕組み（ビジネスモデル）を設計すること、である。以下では、近年の世界を代表する企業家であるイーロン・マスクが買収したことで話題のTwitter（ツイッター）（現Ｘ（エックス））の創業プロセスを見ることで、これら３つの活動を具体的に理解していくことにしよう。

2　Twitter（ツイッター）の創業と飛躍

❖ ツイッターとは

　Twitter（ツイッター）とは、140文字以内の短文であるTweet（ツイート）をウェブ上で投稿したり、ユーザー間で共有したりすることができるサービスである。ツイッターが開発されこの世に誕生したのは2006年３月、オブビアウス（Obvious）社（後のツイッター社）によってサービスとして一般に公開されたのは同年７月のことである。

　その後、ツイッターは、2022年時点での全世界のユーザー数が約３億9,000万人、日本でのユーザー数が約5,500万人にものぼる巨大ウェブサービスへと成長し

【写真10-1　ツイッターのイメージ】

出所：iStock（ゲッティイメージズ）

たが、2022年10月に、連続企業家（シリアル・アントレプレナー）のイーロン・マスクによって買収された。2023年7月にはサービス名がツイッターからX（エックス）へと変更され、ツイートという呼称もPost（ポスト）へと変更されたが、本章ではスタートアップ期の活動を扱うため、創業時のサービス名であるツイッターという呼称を以下では用いる。

第10章

❖ 創業のきっかけ

エヴァン・ウィリアムズ、ジャック・ドーシー、ビズ・ストーンらを中心として開発されたツイッターであるが、その基本的な構想を練ったのはジャック・ドーシーだとされている。ドーシーは2000年頃に、リアルタイム（即時的）でのコミュニケーションを行うことができる技術に可能性を見いだし、自分でコンピュータープログラムを書き始めた。しかし、彼が思いついたアイデアは、長い間日の目を浴びることはなかった。

その後、2005年に当時の同僚からショートメッセージサービス（SMS）を見せてもらったドーシーは、SMSを用いて自分の近況をリアルタイムに送信、保存していくウェブサービスを思いつく。そしてドーシーはウィリアムズやストーンらとチームを組み、議論と試作を重ねたうえで、ツイッターを開発したのである。ツイッターは、サービス開始後、2007年のアメリカのIT・メディア関連の大規模イ

ベントであるサウス・バイ・サウスウエスト（SXSW）で注目を浴び、一気にその人気を高めていった。

❖ コンセプトと収益獲得の仕組み

　ツイッターのサービスのコンセプトは "What are you doing？（いま、なにしてる？）" という初期のスローガンに端的に表現されている。つまり、ツイッターは、いつでもどこにいても自分の状況を投稿したり、他者と共有したりすることができるサービスなのである。また、ツイッター自身は「社会的な要素を備えたコミュニケーションネットワーク」であると自社サービスを定義し、ソーシャル・ネットワーキング・サービス（SNS）とは一線を画している。

　そんなツイッターであるが、読者の皆さんはツイッターの利用にお金を払っているだろうか。近年、イーロン・マスクによる買収後に、X Premium（エックスプレミアム）というサブスクリプション型の有料プランが提供されているものの、多くの人の答えは「ノー」であろう（2023年9月現在）。実は同社は主に企業から

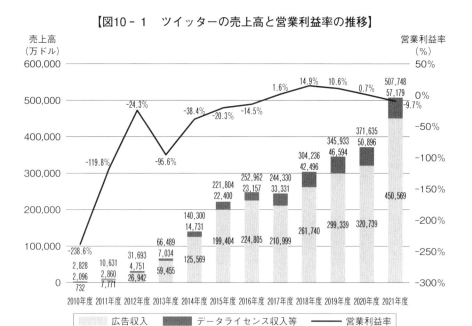

【図10 - 1　ツイッターの売上高と営業利益率の推移】

注：2022年10月の上場廃止の前年度までの実績
出所：上場時代のツイッター社のアニュアルレポートをもとに筆者作成

142

の広告収入で、年々売上を増加させている。だがその一方で、ツイッターは長らく、本業の収益性を安定させられずにおり、イーロン・マスクによる買収の前年度の2021年度の営業利益率はマイナスである（図10‐1）。ツイッターの事業の仕組みはどのようになっているのだろうか。

3　事業機会の認識

❖ 事業機会の認識とは何か

　企業家はアイデアをどのようにして具体的なビジネスへと変えていくのだろうか。その際まず行われる活動のことを「事業機会の認識」という。ここで事業機会とは「企業家にとって価値のあるビジネスチャンス」のことである。企業家はビジネスを起こす際に、「このような製品を作りたい」「ユーザーをこうしたい」といったアイデアを抱く。しかし、それらはそのままではビジネスになることはない。そこで重要になるのが、具体的なビジネスチャンスを見出すこと、つまり事業機会を認識することで、アイデアを形にしていくことである。

　事業機会はさまざまな形で市場に現れる。たとえば、世の中に新しい技術が出現してきた、政府によって業界の規制緩和が進んだ、などは事業機会の一例である。そういった事業機会にアイデアを結びつけ、そこにユーザーにとっての付加価値を加えたり、製品・サービスの具体的構想を練ったりすることで、初めて企業家は事業機会を認識し、ビジネスは具体化への道を歩み出す。

　ジャック・ドーシーが思いついた「リアルタイムに他者とコミュニケーションを行えるサービス」というアイデアは、ショートメッセージサービスの技術と結びつくことで具体化への道を歩みだした。さらにそこに、「自分の近況をリアルタイムに送信、保存していく」というサービスの付加価値が加えられたり、サービスの開発・提供に向けた具体的な議論が社内で繰り返し行われたり、そして、アメリカのIT・メディア関連イベントで実際に多くのユーザーに利用されたりすることで、ツイッターというサービスは現実のものとなっていった。

❖ 事業機会はどこにあるのか

　では、事業機会とはどこに潜んでいるのだろうか。ビジネスチャンスが存在する

場所の当てがあれば、企業家は普段からそこを注視しておくことで、成功の可能性を高められる。事業機会が存在する場所は、大きく分けて「技術の変化」「政策・規制の変化」「社会の変化」「産業の変化」の4つがある（表10-1）。

　技術の変化とは、各種技術の発達や出現を意味する。ここで技術とは、ネットの技術だけを指すのではなく、医療技術やバイオ関連技術なども含む、幅広い技術全般のことを指す。例えばツイッターはネット技術の発展に、新型コロナワクチンで脚光を浴びたモデルナはバイオ関連技術の発展に事業機会を見出した良い例といえる。

　政策・規制の変化とは、特定の産業や業界に対する国家政策が改められたり、規制が緩和・強化されたりすることを指す。通常、政策や規制が変化すると、新規需要が喚起されたり、業界への参入障壁が下がったりすることで、ビジネスチャンスが生まれる。2009年の企業の農業参入要件の緩和や、2016年の電力の小売全面自由化は、多くの企業に参入の機会を与えた代表例である。

　社会の変化とは、少子高齢化などの人口動態の変化、「バブル世代」や「SDGs（持続可能な開発目標）」など社会の特定の世代や集団に共通する価値観の移り変わり、環境意識の高まりや健康意識の向上などの社会的関心の変化などのことを指す。例えば、少子高齢化に伴うシニア人材の労働需要拡大に着目して、シニア向け人材紹介を手がける㈱シニア経理財務という企業がある。また、ジェンダーレス意識の

【表10-1　事業機会の存在場所と事業機会を認識しやすい人の条件】

事業機会の存在場所	事業機会を認識しやすい人の条件
●技術の変化 　各種技術の発達や出現 ●政策・規制の変化 　特定の産業や業界に対する国家政策の変化 　や規制の緩和・強化 ●社会の変化 　人口動態の変化、社会の特定の世代や集団 　に共通する価値観の移り変わり、社会的関 　心の変化など ●産業の変化 　特定の産業や業界における企業の参入や撤 　退、既存企業の事業領域の絞り込みによる 　新たなビジネスチャンスの発生	●ビジネスに関連する事前知識や情報を十分 　に持っている人 　（実務の知識や市場・顧客に関する情報な 　ど） ●ビジネスに関連する情報源へのアクセスが 　しやすい状況にいる人 　（人的ネットワーク（人脈）や多様な経験な 　どを持つ人） ●機敏に、積極的に行動する人 　（結果としてクリエイティブな思考ができ 　る）

出所：シェーン（2005）を参考に筆者作成

広まりを背景に、女性が着るメンズパターンのスーツやボクサーパンツなどを提供する㈱keuzes（クーゼス）も、社会の変化を事業機会として捉えている例である。

　産業の変化とは、特定の産業や業界において企業の参入や撤退が起こったり、既存企業が事業領域を絞ることで新たなビジネスチャンスが生まれたりすることを意味する。例えばゲーム産業では元々、据え置き型ゲーム機が主流であったが、2010年頃からスマートフォンゲーム事業者の参入が相次ぎ、新たな事業機会が生まれた。また、近年の自動車産業では自動運転車をめぐり、従来の自動車関連メーカーのみならず、IT関連企業にも事業機会が拡大している。

❖ 事業機会を認識できる企業家とは

　ところで、同じ事業機会に関する現象を前にしても、そこにビジネスチャンスを見出す人もいれば、そうでない人もいるだろう。どのような企業家であれば事業機会を認識することに成功しやすいのかという点については、いくつかの見解がある（表10−1）。例えば、ビジネスに関連する事前知識や情報、具体的には、実務の知識や市場・顧客に関する情報などを十分に持っている人は事業機会を認識しやすいとされる。

　また、それら情報源へのアクセスがしやすい状況にいる人、例えば人的ネットワーク（人脈）を持っていたり、研究開発やマーケティングといった特殊な職業に就くことで多様な経験を持っていたりする人も有利である。あるいは、企業家として機敏に、積極的に行動する人もクリエイティブな思考を行いやすい傾向にあるため、機会に気づきやすい。ネットビジネスの人的ネットワークを持ち、積極的な行動を行うツイッターの創業者達は、まさに上記の例にあたるのではないだろうか。

4　事業コンセプトの練り上げ

❖ 事業コンセプトとは何か

　事業機会を認識してビジネスを具体化していく際に核となる活動が「事業コンセプトの練り上げ」である。事業コンセプトとは、「われわれは一体何者であるのか」を定義したもののことで、具体的には、自社がどのような製品・サービスでビジネスを行うのか、どのような顧客を狙うのかといった、自社のビジネスの範囲を示す

Column10－1

リーンスタートアップ

　スタートアップ期のビジネスの成功率を高める方法として「リーンスタートアップ」という方法論が世界的に注目を集めている。リーンスタートアップとは、企業家のエリック・リースにより提唱されたものであり、リーン（lean：無駄がない）とスタートアップ（start up：始動する、創業する）の2つを合わせた用語である。リースが活躍していた米国においても、スタートアップ期を乗り越えて生き残る企業は「せんみつ（1,000社のうち3社）」であると言われる。そのような状況下で、いかにしてビジネスの成功率を高めるのか、という問題意識に基づいて、この方法論は生み出された。

　通常ビジネスを立ち上げる際には、企画から製品・サービスの開発、顧客への提供までに時間と費用を要する。しかし、そうして準備したビジネスがもし「見込み違い」であったならば、どうなるであろうか。企業家は相当なダメージを負うだろうし、企業も廃業せざるを得ないかもしれない。そこでリーンスタートアップでは、「コストを多くかけずに、素早くビジネスの仮説検証を繰り返す」というポイントを重視し、以下のような方法を提案する。

　まず、ビジネスの仮説を構築し、自社の顧客層のニーズを想定したうえで、コストができるだけかからない実用最小限の製品（MVP（Minimum Viable Product））を顧客に提供する。そして、顧客の反応を受けて、ビジネスの仮説やMVPを何度も素早く軌道修正することで、相当な時間をかけてビジネスを立ち上げ、失敗する際にかかる「無駄」をそぎ落として行く。軌道修正する中で、ビジネスの仮説そのものが誤っていると気づいた場合には、ビジネスの方向転換を行うこともいとわない。この方向転換のことは、バスケットボールの動作になぞらえ「ピボット」と呼ばれている。この方法論は今や、スタートアップ期の企業のみならず、既存の企業の事業開発においても用いられている。

言葉のことである。ツイッターは自社のことを「社会的な要素を備えたコミュニケーションネットワーク」であると定義していた。定義を行うことで、それ以外は自社のビジネスの範囲外となるため、企業家が事業を行う際の注力すべき部分を明確化できる。

　事業コンセプトに関しては、経営学の分野では、事業領域や事業の範囲を意味する「事業ドメイン」という概念で説明される。デレク・F. エーベルによると、事

業ドメインは以下の３つの軸（次元）によって定義できる（エーベル、2012）。

　第１の軸は「顧客層（Customer Group）」である。これは自社の製品・サービスを「誰に（Who）」提供し、満足させるのかを表すものである。第２の軸は「顧客機能（Customer Function）」である。顧客機能とは、自社が顧客に「何を（What）」提供しているのかを表すものであり、具体的には、顧客が製品・サービスによってどのようなニーズを満たしているのかを説明するものである。第３の軸は「技術（Technology）」である。これは、製品・サービスが「どのように（How）」顧客に提供されているのかという、製品・サービスを支える具体的な技術・ノウハウのことである。

❖ ツイッターの事業コンセプト

　ツイッターの事業コンセプトを、事業ドメインの３つの次元から考えてみよう。ツイッターのユーザー層は、「自分の現在の状況や考えを他者に知らせたい人」であることが想定される。また、「他人の状況や考え、有益な情報を知りたい人」もいるであろう。加えて、ツイッターのユーザーとしては、10代から20代の若年層が最も多いとされており、特に日本ではその傾向が顕著である（出所：総務省『令和４年度　情報通信メディアの利用時間と情報行動に関する調査』）。したがって上記から、ツイッターの「顧客層」は、「若年層を中心とした、自分の現在の状況や考えを他者に共有したい人または他者についての情報を知りたい人」と定義できる。

　次に、ツイッターの「顧客機能」は、先述した創業当初のスローガンである"What are you doing ?" や、2009年に変わった同社のスローガン "What's Happening ?"（「いま、どうしてる？」）に端的に現れている。つまり、「リアルタイムでの情報の発信や共有」がツイッターに対する顧客のニーズであると推測できる。また、ツイッターの魅力は、140文字以内の短文でユーザーが気軽に投稿や共有ができるところにもあるといえる。上記から、ツイッターの顧客機能は、「リアルタイムでの情報発信や共有を気軽に行うことができるサービス」と定義できる。

　ツイッターのサービスを実現する「技術」としては、多数のユーザーが日々刻々に発信する短文や写真、動画のデータを処理するためのデータ処理技術があげられる。近年では、ツイートの中に潜むいわゆるデマやフェイクニュースを見分けるためのデータ処理技術の高度化の必要性も高まっている。また、キーワードから関連したツイートを探すための検索関連技術や、ツイートの情報からユーザーが関心を

第10章

持つ広告を配信するための広告配信技術も、ツイッターを支える重要な技術といえるだろう。

❖ 事業コンセプトを練り上げる意義

　企業家がスタートアップ期に事業コンセプトを練り上げる意義は、事業機会を認識してアントレプレナーシップを行う際の事業の範囲を明確化できるところにある。たとえうまく事業機会を認識できたとしても、製品・サービスの具体化やターゲット顧客の設定にあたっては、複数の可能性が企業家の前に出現する。そのため、事業コンセプトを検討することで、自社が取りうる選択肢を絞り込み、自社のビジネスを具体化していくことができる。また、他社との差別化を明確に意識することもできる。ツイッターは自社サービスをコミュニケーションネットワークと定義することで、他のSNSとの差別化を意識し、リアルタイム性とシンプルさを重視したサービスを作り込んでいったのである。

5　ビジネスモデルの設計

❖ ビジネスモデルとは何か

　事業機会を認識し、事業コンセプトを練り上げた企業家が行う必要があるのが、「ビジネスモデルの設計」である。ビジネスモデルとは「顧客に価値をもたらし収益をあげるための具体的な事業の仕組み」を意味する言葉であり、事業コンセプトを具体化したものとして捉えられる。事業コンセプトは事業の範囲を明確化するための重要な視点ではあるが、企業家が収益の獲得方法を具体的に描けなければ、事業コンセプトは「絵に描いた餅」になってしまう。

　アレックス・オスターワルダーとイヴ・ピニュールはビジネスモデルの具体的な中身と設計方法を「ビジネスモデル・キャンバス」として取りまとめた。このキャンバスには、ビジネスモデルの構成要素として図10‐2の①〜⑨の9つのブロックがキャンバスの左右に配置されている。キャンバスの右側には、顧客への価値の提供に関する要素（何を顧客に売って儲けるか）が記されており、左側には事業の運営方法に関する要素（具体的にどのようにしてビジネスを運営するか）が記されている。

【図10-2　ビジネスモデル・キャンバス】

⑧パートナー (Key Partners)	⑦主要活動 (Key Activities)	②価値提案 (Value Propositions)	④顧客との関係 (Customer Relationships)	①顧客セグメント (Customer Segments)
自分の組織だけでは行うことができない活動を協力して行う別組織	リソースを活かして事業として取り組むべき活動	顧客の抱えるニーズを満たしたり、課題を解決したりするために提供されるもの	顧客との間で築く関係性	事業のターゲット顧客
	⑥リソース (Key Resources) 事業活動に用いる主要な経営資源		③チャネル (Channels) 顧客に対する流通経路	
⑨コスト構造（Cost Structure） 事業活動にかかる費用		⑤収益の流れ（Revenue Streams） 事業としての具体的な収入		

出所：オスターワルダー＆ピニュール（2012）をもとに筆者作成

❖ ビジネスモデル・キャンバス

　まず、①の「顧客セグメント」とは、事業のターゲット顧客を指すもので、ツイッターの場合、「若年層を中心としたリアルタイム情報を投稿・共有したい人」となる。②の「価値提案」は、顧客の抱えるニーズを満たしたり、課題を解決したりするために提供されるもののことである。ツイッターの場合、「リアルタイムでの情報発信や共有を気軽に行うことができるサービス」となる。

　③の「チャネル」とは、②の価値提案を顧客に対してどのような流通経路で届けるのかを意味するものであるため、ツイッターの例でいうと「ウェブ上」ということになる。④の「顧客との関係」とは、製品・サービスの提供に当たって、①の顧客とどのような関係を構築していくのかを示したものであり、ツイッターの場合は、「ウェブ上での問い合わせ対応による顧客サポート」ということになるだろう。

　⑤の「収益の流れ」とは、事業として具体的にどのような収入を獲得するのかを分析するものである。ところで、先にも述べたように、有料サービスのX Premiumを除けば、多くの人にとってツイッターの利用は無料であるため（2023年９月現在）、実は同社の収入の主たる部分は一般ユーザーによるものではない。では、ツイッターは実際には誰から主たる収入を得ているのかというと、ツイッ

第10章

ター上の広告枠を販売している「広告主」や、膨大なツイートデータを販売している「データライセンス先企業」から収入を得ている。

　そのため、ツイッターのビジネスモデルをさらに具体的に考えると、①の「顧客セグメント」には「広告主」や「データライセンス先企業」が追加できるし、②の「価値提案」には、「リアルタイムにユーザーが閲覧できる広告枠」や「膨大な過去ツイートのデータ」を加えることができる。③の「チャネル」には「対面営業」、④の「顧客との関係」には「営業サポート」と、企業への営業活動に関わる項目も入るだろう。

　⑥の「リソース」とは、ヒト・モノ・カネ・情報といった事業活動に用いる主要な経営資源を指す。ツイッターの場合、「エンジニアや営業担当者」、「データ処理や広告配信に関わる技術ノウハウ」が当てはまるだろう。⑦の「主要活動」とは、⑥を活かして事業として取り組むべき活動であるため、ツイッターの場合、「ウェブサービス開発」や「広告営業」が該当する。⑧は「パートナー」である。これは、自分の組織だけでは行うことができない活動を協力して行う別組織のことである。ツイッターの場合、「オフィシャルパートナープログラム」という取り組みを通じて、自社が持っていない広告配信・効果測定技術を持つIT関連企業や広告会社などと提携を行っている。

　最後に、⑨の「コスト構造」とは、事業活動にかかる費用のことである。この⑨「コスト構造」よりも、キャンバスの右側の⑤「収益の流れ」の方が大きい場合、事業が収益をあげている状態であるといえる。ツイッターの場合、自社の人件費や開発費、広告宣伝費などはもちろんのこと、⑧のパートナーへの委託費などもコストとしてかかることになるが、同社は長らくこれらのコストが、収入を上回っている状態が続き、収益性が安定していない状態が続いている。

❖ ビジネスモデルの作り込み

　ツイッターの事業コンセプトは「社会的な要素を備えたコミュニケーションネットワーク」であったが、実際のビジネスモデルは上記で見たように、一般ユーザーではなく企業から主に収入を得るものであった。このビジネスモデルはツイッターの創業当初から設計されていたものではなく、事業コンセプトを練り上げて、実際に事業を運営する中で徐々に作り込まれていったものである。

　通常、作り込みの過程において収支が安定していなくても、事業の潜在力が認められる場合には、ベンチャーキャピタルからの投資や、株式の公開による資金調達

が可能になる。実際、創業当初のツイッターはサービスの作り込みとユーザー獲得に懸命になっており、ベンチャーキャピタルからの投資などで事業を存続させている状態であった。同社が広告収入を積極的に増やそうとしたのは2010年頃であるとされている。その後2013年には、ニューヨーク証券取引所に株式を上場することで、さらなる資金を調達している（イーロン・マスクの買収により2022年10月に上場を廃止した）。

　同社は創業以来収益性が安定しておらず、ビジネスモデル・キャンバスの⑨「コスト構造」を十分まかなえるだけの⑤「収益の流れ」を築くことができない状態が続いている。ツイッターのような、「フリーモデル（無料モデル）」と呼ばれるビジネスモデルは、実際にはどこからか収入を得ない限り、事業を存続できない。そのためツイッターは、既存の広告とデータライセンスによる収入の強化はもちろん、近年になって、有料サービスのX Premiumを導入したり、一般ユーザーが応援する他ユーザーに送る投げ銭（チップ）の手数料を得たりして、収益源を多様化している。また、2023年９月には、サービスの全面有料化案の狙いもイーロン・マスクによって明らかにされている。あるいは、同氏によるツイッター社員の大規模リストラも、同社のコスト構造を見直し、収益性を安定させるための取り組みであると考えられるのである。

6 おわりに

　本章で見た、事業機会の認識、事業コンセプトの練り上げ、ビジネスモデルの設計、という企業家の活動のいずれかが欠けても、世の中にビジネスが誕生することはない。ここで重要であるのは、すべての活動が、当初の想定や思惑通りに進むとは限らないという点である。アイデアを事業機会に結び付けられない、事業コンセプトがうまく定義できない、収益が安定するビジネスモデルを構築できないなど、スタートアップ期には常に不確実性が付きまとう。

　しかしそれでも、ツイッターの事例でもわかるように、企業家はアントレプレナーシップを粘り強く前進させなければならない。一度にビジネスのすべてを完璧に設計することは難しい。不確実性を前にしても、試行錯誤しながら徐々にビジネスの潜在力を現実のものにしていくことこそが、スタートアップ期のアントレプレナーシップにとって重要であるといえる。

Column10-2

ネットワーク外部性とフリーモデル

　読者の皆さんは、どうしてツイッターやLINE、電子メールを使用しているのだろうか。多くの皆さんはおそらく「周りの人が使っているから」「利用しないと不便だから」という理由で、それらサービスを利用しているのではないだろうか。普段私たちは、例えば食料品や化粧品を買う時には、その製品・サービスの機能や品質、価格の優劣を基準に購買を行うことがほとんどである。しかし、ネットサービス、特に複数の他者とのコミュニケーションを前提とするサービスを利用する際には、「みんなが使っているから使ってしまう」という特殊な誘因が働くといわれている。

　この性質は「ネットワーク外部性」と呼ばれるもので、「利用者の規模や利用頻度が、その製品・サービスの利用価値に影響を与えること」を意味する。ポイントとなるのは、製品・サービスの機能や品質が利用者にとっての価値の源泉になるのではなく、利用者サイドの需要の規模が価値の源泉になるところである。極端にいうと、その製品・サービスが「中身や品質が良いから」選ばれるのではなく、「多くの人が利用しているから」選ばれるのである。

　ネットワーク外部性が働く製品・サービスでは、利用者が増えれば増えるほど製品・サービスの価値が高まり、その結果さらに利用者が増え、そしてまた価値が高まり、という雪だるま現象（正のフィードバック）が起こる。また、そのような製品・サービスには、普及率が一気に跳ね上がる分岐点（クリティカル・マス）が存在するとされている。そのため、それら製品・サービスでは、ビジネスの初期段階では、利益を度外視した戦略的な価格設定でサービスの利用障壁を下げることで利用者を集め、クリティカル・マスの突破を狙うようになる。ネットサービスがビジネスモデルとしてフリーモデル（無料モデル）を採用する背景には、こういった経済原理が存在しているのである。

？考えてみよう

1. 関心のある企業の創業ストーリーを調べて、企業家がどのように事業機会を認識したのかを考えてみよう。

2. 関心のある製品・サービスを1つ取り上げて、そのビジネスの事業コンセプト（事業ドメイン）を分析してみよう。

3. 無料で利用できる身の回りの製品・サービスを選び、ビジネスモデル・キャン

バスの考え方を用いて、その儲けのカラクリを見抜いてみよう。

参考文献

デレク・F. エーベル（石井淳蔵訳）『［新訳］事業の定義：戦略計画策定の出発点』
碩学舎、2012年

メアリ・レーン・カンバーグ（熊谷玲美訳）『Twitterをつくった３人の男』岩崎書
店、2013年

スコット・A. シェーン（スカイライト コンサルティング訳）『プロフェッショナ
ル・アントレプレナー：成長するビジネスチャンスの探求と事業の創造』英治出
版、2005年

次に読んで欲しい本

アレックス・オスターワルダー、イヴ・ピニュール（小山龍介訳）『ビジネスモデ
ル・ジェネレーション：ビジネスモデル設計書』翔泳社、2012年

スコット・A. シェーン（谷口功一、中野剛志、柴山桂太訳）『［新版］〈起業〉とい
う幻想：アメリカン・ドリームの現実』白水社、2017年

第10章

第 **11** 章

成長期の
アントレプレナーシップ
―経営資源をいかに獲得し活用するのか？

第1章
第2章
第3章
第4章
第5章
第6章
第7章
第8章
第9章
第10章
第11章
第12章
第13章
第14章
第15章

- 1 はじめに
- 2 ヤマハ 浜松から世界への飛躍
- 3 成長の方向と経営資源
- 4 組織内での経営資源の活用
- 5 経営資源の獲得
- 6 おわりに

1　はじめに

　たとえ、画期的な商品によって事業創出に成功できたとしても、その後に熾烈な
競争が待ち受ける市場環境の下で存続し続けること、ましてや成長を続けることは
決して容易ではない。われわれのよく知る世界的な大企業であっても、最初から潤
沢な経営資源に恵まれていたわけではなく、多くは、典型的には町工場と呼ばれる
ような中小企業であったことは強調しておいても良いだろう。これは日本に限った
ことではなく、たとえばシリコンバレー発祥の世界的企業でも、出発点は自宅のガ
レージであったという企業もある。つまり、こうした企業は創業後に何らかの方法
で成長を続けた結果として、現在の姿があるのである。では、企業はどのように成
長を成し遂げるのだろうか。この章では、経営資源という観点から、成長期のアン
トレプレナーシップについて考えてみたい。

2　ヤマハ　浜松から世界への飛躍

　ヤマハは静岡県浜松市に拠点を置く世界的な楽器メーカーである。その創業は
1887年（明治20年）までさかのぼる。当時、浜松の小学校で使用されていたア
メリカ製の舶来オルガンが故障し、たまたま近所に滞在していた機械職人の山葉寅
楠が修理を任された。その際に、寅楠はオルガンが音を出す基本的な仕組みを理解
するとともに、その部品の図面を写し取った。日本ではまだ珍しかったオルガンが
将来的に全国の小学校に設置される可能性を見越して、寅楠が国産オルガン製造の
ために設立したのがヤマハの起源である。

　現在では、ヤマハの楽器は日本をはじめ世界中で広く知られている。特に、同社
の代表的な商品であるピアノは世界の一流コンクールでも使用されるほどの高い品
質も誇っている。とはいえ、ヤマハは決して最初から現在のような地位にあったわ
けではない。本場である西洋の楽器メーカーと比べてヤマハは後発で、品質面での
圧倒的な格差は容易には埋めがたかった。また、経営基盤もなかなか安定せず、第
２次大戦前には激しい労働争議で経営危機に陥り、「（静岡）県下一のボロ会社」と
すら言われたほどであった。

　では、そのような厳しい状況にありながらも、ヤマハはどのように成長を成し遂げたのだろうか。

　第1には、本業である楽器事業での成長があった。品質改良のための努力を続けながら、「ヤマハ音楽教室」などの活動を通じて国内の音楽人口の裾野を広げていった。同時に、楽器の販路を世界へと広げていったのである。

　第2に、ヤマハは積極的な多角化を推し進めていった。まず、楽器だけでも、オルガンやピアノといった鍵盤楽器にとどまらずに、木管・金管楽器、打楽器、さらには電子楽器など、ヤマハは多種多様な楽器を手掛けるようになった。特定の楽器ごとに専業メーカーが存在することを考慮すると、ヤマハが手掛ける楽器の種類の豊富さはユニークである。

　また、楽器以外にも、ヤマハは家具やオーディオ機器、さらにはスキー板、ゴルフクラブまで手掛けていた。楽器メーカーとして異色であるのは、ヤマハが自社のオーディオや電子楽器に用いられる電子部品までも設計・製造していた点である。これは、他社のPCや携帯電話端末向けに外販された。

　さらに興味深いのは、オートバイ生産を手掛けるヤマハ発動機は、現在は別会社であるけれども、実はもともとはヤマハから発祥したものである。では、なぜ楽器

【写真11-1　ヤマハ銀座店（楽器販売）の店頭の様子】

出所：筆者撮影

第11章

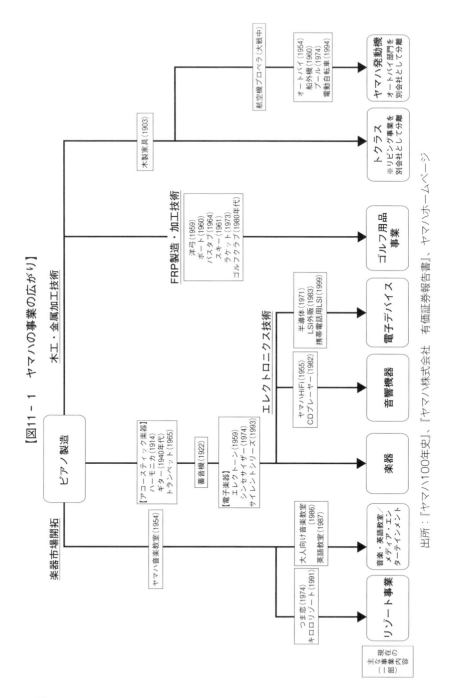

[図11−1　ヤマハの事業の広がり]

出所：『ヤマハ100年史』、ヤマハ株式会社　有価証券報告書』、ヤマハホームページ

メーカーが、全く異分野とも思われるオートバイを作ることになったのだろうか。その事情について簡単に説明すると、戦時中、材料が入手困難になるなど、主力のピアノ生産にさまざまな制約が課せられた。そこで、楽器製造で得意としてきた木工・金属加工技術を用いて、ヤマハは軍需用の航空機のプロペラ生産に乗り出した。だが、終戦によってプロペラ製造が中止になったことで、残された工作機械の新たな用途として浮上したのがオートバイ生産であった。

3 成長の方向と経営資源

❖ 成長の方向：既存事業の拡大と多角化

　企業が成長を継続するためには、新規に需要を獲得し続けることが不可欠である。そのために2つの方向性がありうる。

　1つ目の方向は、それまで行ってきた事業の拡大を目指すというものである。だが、企業の成長はその商品の市場規模に大きく依存する。その製品・サービスに対する需要が拡大していれば、次々に生み出される新規需要を取り込むことで、その企業も成長できるだろう。だが、そもそも製品の市場規模が限定的であったり、製品ライフサイクルの段階が進むのに伴って市場が成熟化すれば、その企業の成長も制約されかねない。

　このような市場規模による制約を克服する1つの方法として、事業の地理的範囲を拡大することが挙げられる。言い換えるならば、特定の地域に限定していた事業活動をより広域で行うようにするのである。この中で、特に企業活動が国境を越える国際展開では、輸出や現地法人を設立して海外生産を行うというやり方がある。

　もう1つの成長の方向は多角化である。これは従来とは異なる新しい事業分野に進出することで、事業の範囲を拡大することを意味する。ヤマハは、オルガンを起点にしてピアノやその他の楽器全般へと製品ラインアップを拡大した。さらに楽器以外のオートバイやオーディオなどへ事業領域を拡大した。

　ここで挙げたような地理的な拡大にせよ、多角化による新規事業領域への進出にせよ、現実には進出した先で競合企業が立ちはだかる可能性が高い。そうした競合企業は自社と同じように、あるいは自社以上に、利益機会を虎視眈々と狙っていると考えた方がよい。そのような想定の下では、自社がどれほど革新的な商品・サー

第11章

ビスを投入しても、規制や特許などで自社のイノベーションを保護できるような特殊な場合を除けば、競合がその特徴を模倣したり、自社よりも低価格な商品を投入するなどして、顧客を奪っていこうとするだろう。成長を実現するためにはそうした熾烈な競争を乗り越えられるだけの優位性を作り出す必要がある。

❖ 経営資源とは何か

　企業が成長を実現するためには、それを可能とするだけの経営資源（リソース）が不可欠である。通常、「資源」と言えば、石油や鉄鉱石のような天然資源が思い浮かぶかもしれない。だが、企業経営における資源とは、企業が事業活動を行うのに必要であったり有用なものを指す。経営資源は、一般にヒト、モノ、カネ、情報に分けられる。

　ヒトとは、企業の中で働く人々のことであり、人材という呼び方をすることもある。具体的には、作業者、セールスパーソンのように現場で何らかの活動に直接従事する人や、技術者のように新しい知識を生み出す人、管理者や経営者のように組織を差配するような立場の人も含まれる。

　モノとは、原材料や部品、土地、建物、生産設備、物流施設などを指す。

　カネとは、さまざまな資金を指す。カネは、事業活動に伴うさまざまな取引を媒介しながら、企業の内側と外側を血液のように巡る。

　情報（以下では、情報的経営資源と呼ぶことにする）とは、企業が通常の事業活動を通じて獲得するものであるが、ここでは、その中でも特に重要な目に見えない情報的経営資源について解説する。情報的経営資源には知識のようにその企業の内部に蓄積されるものと、顧客や取引先がその企業に関して抱くイメージのようにその企業の外部に蓄積されるものとがある。具体的には、企業の内部に蓄積される情報として、技術開発力や熟練、ノウハウ、特許、顧客情報のほか、従業員の士気や行動のクセ、組織的風土といったものが挙げられる。また、企業の外部に蓄積されるものとして、ブランドや企業イメージ、顧客からの信頼などが挙げられる。

　ここで挙げた４つの経営資源のうち、ヒト、モノ、カネはいずれも物理的な実体のある、目に見える資源である。これに対して、情報的経営資源は「見えざる資産」と呼ばれることもある。

　なお、上記の通り、経営資源は４つのタイプに分類されるけれども、情報的経営資源については直接的にはヒトやモノに帰属することが多い。たとえば、その企業で特徴的な技能やノウハウは、それを身に付けた熟練作業者や技術者といったヒト

に蓄積される。つまり、経営資源としてのヒトには、単なる労働力としての側面もあるけれども、それと同時に情報的経営資源の担い手としての側面も併せ持っている。これと同様に、モノについても、自社で使用することを目的に開発した設備などには、そこに独自の知恵やノウハウといった情報的経営資源が反映されている場合もある。このような情報的経営資源を伴ったヒトやモノからノウハウや知恵の部分だけを切り離して抽出することは難しい。そのため、企業が成長を成し遂げるためには、個別の経営資源に囚われるのではなく、ここで挙げた4つのタイプの経営資源をバランスよく獲得していく必要がある。

4 組織内での経営資源の活用

❖ 規模の経済と範囲の経済

　限りある経営資源を上手に活用することは、企業の成長にとって欠かせない。経営資源の活用の仕方について、ここでは規模の経済と範囲の経済という、成長フェーズにおいて有益な2つのパターンを紹介しておこう。これらはいずれも経営資源を効率的に活用することによって得られる経済的な効果である。なお、規模の経済は既存事業の拡大を、また、範囲の経済は多角化による新規事業への進出を、それぞれ念頭に置いている。

　規模の経済とは、ある一定期間中の生産数量が増えるほど、固定費が薄められていくことで1個あたりの平均的な生産コストが低下していくという効果である。つまり、大量生産を行うことでその企業のコスト競争力が高まる可能性がある。規模の経済は、成長（ここでは生産規模の拡大）の結果として生じる効果であると同時に、そこで得られたコスト面での優位性が次なる成長の武器にもなる。規模の経済によるコスト優位性を生かして、現実に市場での地位を強化していった企業は少なくない。裏を返せば、規模の経済のメリットを生かせない企業は、コスト競争力の面で競合企業よりも不利になる可能性がある。

　範囲の経済とは、1つの企業が営む事業の範囲が広いと経済効率が高いという効果である。範囲の経済は、未利用資源を有効に活用することで生じる。具体的には、企業が1つしか事業を行っていない場合に、その事業だけでは完全に利用されないまま残ってしまう資源があるとする。もしそれとは別の事業も同時に手掛けること

で、このような未利用資源を使い尽くすことができれば、経営資源を節約できることになり、コスト面でも有利にはたらく。

　ヤマハによるオートバイ事業への進出を、範囲の経済という観点で捉え直してみよう。そこでの狙いとは、終戦によって遊休設備と化したプロペラ生産用の工作機械を有効利用することであった。つまり、オートバイ生産を行うことで、未利用資源と化した工作機械を完全利用することが目論まれていた。

　範囲の経済を生み出す未利用資源は、工作機械のようなモノとしての経営資源に限定されない。ヤマハは楽器製造で培った木工・金属加工技術を転用してプロペラやオートバイを生産した。そこでは、木工・金属加工技術という技術やノウハウという情報的経営資源を有効活用することで範囲の経済が生み出された。ここで未利用資源に該当するのは木工・金属加工技術である。ただし、この技術は楽器ですでに利用されていたため、決して未利用のまま存在したわけではない。この場合の未利用資源とは、楽器以外のプロペラやオートバイなど、他の用途でも利用できる可能性のある資源であることを意味する。

　気を付けなければならないのは、単純に生産量を増やしたり新しい事業に進出すれば、自動的に規模の経済や範囲の経済が発生するわけではないということである。それらの効果がどのように発生するのかを、それぞれの具体的な状況に即してきちんと考慮しておくことが欠かせない。

❖ 成長における情報的経営資源の役割

　企業の成長は、市場の規模以外にも、保有する経営資源の量や質によって制約されるという側面がある。特にヒト、モノ、カネという物理的実体のある経営資源は、事業活動を行うのにそもそも不可欠なものである。たとえば、企業の成長に必要な生産体制を担うヒトやモノを充足できなければ、期待されるだけの製品・サービスを無理なく生産することはできない。また、カネがなければ成長のための投資ができないどころか、手元に保有する資金が枯渇してしまえば企業としての存続すら危ぶまれることになる。このような資金繰りの問題は特に成長期にある企業では深刻である場合が多い。

　だが、4つのタイプの経営資源のうち、特に成長実現のカギを握るのは情報的経営資源である。なぜならば、成長の制約要因となる他の経営資源（ヒト、モノ、カネ）よりも、情報的経営資源が競争優位性の源泉となる可能性が高いからである。その理由として、次の3つのポイントが挙げられる。

① 　情報的経営資源はカネを出しても買えないことが多いため、自分でつくるしか
ない。もしカネで買えるようなものであれば、カネを用意できる競合他社がすぐ
同じ資源を持つことで、自社の優位性は失われてしまうだろう。

② 　情報的経営資源はつくるのに時間がかかる。もし短時間で用意できるのであれ
ば、競合企業もすぐに同じことがやれるようになるだろう。

③ 　情報的経営資源は複数の製品や分野で同時多重利用ができる。

　ここで、特に③の多重利用可能性という点に着目すると、相乗効果と呼ばれる現
象が生じる理由について理解できる。相乗効果とは、しばしば「1＋1＝3」と喩
えられるものであり、具体的には多角化企業において別々の事業同士が相互にポジ
ティブな影響を及ぼし合うことで、それらの個別の成果を単純に足し合わせた場合
よりも高い成果を得る効果である。このような効果は情報的経営資源を同時多重利
用することで生じる。たとえばヤマハでは、楽器で培った木工・金属加工技術とい
う情報的経営資源を、プロペラやオートバイでもタダで同時多重利用することがで
きた。それによって新規に事業を展開するのに必要な情報的経営資源を用意するた
めのコストや手間、時間を省略できるのである。このように、企業固有の情報的経
営資源を組織内のあちこちで重複して利用できることは、競争面でも有利に作用す
る可能性がある。

　通常、企業の成長では売上や利益、従業員数などの、目に見える部分の規模が注
目されがちであるけれども、情報的経営資源によって体現されるような、目に見え
にくい能力的な側面についてもバージョンアップがなされる必要がある。もし、そ
の規模に見合うだけの能力が伴わなければ、結局はその企業の成長が制約されてし
まうことになろう。

第11章

5　経営資源の獲得

　では、企業の成長に必要な経営資源はどのように獲得されるのだろうか。ここで
は、特に成長のカギを握る情報的経営資源の入手について考えてみたい。その方法
は、内部蓄積と外部調達の2種類に大別することができる。

❖ 情報的経営資源の内部蓄積

　企業の成長のカギとなる情報的経営資源を内部で蓄積する方法として、直接ルー

Column11－1

VRIO分析

　もし革新的なアイデアを武器に事業参入に成功しても、その後の市場での地位が保証されているわけではない。競合企業が自社の優れた特徴を模倣したり、それよりも優れた商品を投入したりすれば、他社と比較した自社製品の革新性は失われ、市場における自社の地位も掘り崩されてしまいかねない。だが、企業の競争力を実現しているのがその企業の保有する経営資源である点に着目すると、もし強力な経営資源を保有していれば、その企業は市場でも強みを発揮し続ける可能性が高い。

　ここで紹介するVRIOフレームワークとは、分析対象とする企業の経営資源の特徴に注目して、その企業が持続的な競争優位性を維持できるかを評価・判断するためのチェックリストである。VRIOとは、その企業の経営資源の評価で用いる４つの観点、すなわち価値（Value）、希少性（Rarity）、模倣困難性（Imitability）、組織（Organization）の頭文字から成る。

　そこでは、以下のような観点で経営資源について分析する。「価値」とは、その経営資源が、その企業の展開する経営戦略にとって有用か否かである。「希少性」とは、その経営資源やケイパビリティが希少であるか否かである。仮に、経営資源の面で価値があったとしても、他社もふつうに保有している（つまり希少性がない）のであれば、同じ経営資源を競合が入手・利用することで、自社の地位は脅かされることになろう。「模倣困難性」とは、模倣が難しいか否かである。自社が保有する経営資源に価値があり、希少性も高くても、競合企業が簡単に模倣できるなら、市場での優位性は長続きしない。「組織」とは、保有する経営資源を適切に活用することのできる組織体制が整備されているか否か、である。これら４つの要素を順にチェックしていくことで、分析対象企業の保有する経営資源の重要度と、それによって実現しうる競争優位性の程度を明らかにしやすくなる。

【図11－2　VRIOフレームワーク】

価値 (Value)	希少性 (Rarity)	模倣困難性 (Imitability)	組織の適合性 (Organization)	自社の競争地位
×	−	−	ない	競争劣位（弱い）
○	×	−	↕	競争同位（均衡）
○	○	×		一時的競争優位
○	○	○	ある	持続的競争優位

トと間接ルートの２つがある。直接ルートとは、その目的に対する投資や努力によって、経営資源を蓄積するものである。たとえば、ブランド構築を目的とした広告を行ったり、特定技術を開発することを直接の目的とする研究開発プロジェクトに取り組むことなどが挙げられる。

　これに対して、間接ルートとは、日常業務の副産物として蓄積されていくものである。このような技能は決して一朝一夕で身に付くような性格のものではないけれども、組織にしっかりと根ざした堅牢なものである。前述したようなヤマハが長年の楽器づくりを通して培った木工・金属加工技術や、すぐれた音感、顧客からの信頼やブランドは、直接ルートによって獲得される資源と比べて見逃されがちであるが、その企業の固有の強みの基盤となることも多く、決して軽視すべきではない。

❖ 外部資源の活用方法：戦略的提携とM&A

　前述したように情報的経営資源はつくるのに時間を要すため、必要な資源をすべて自社で揃えようとすれば、その開発に要するコストや時間が無視できないほど膨大になる可能性がある。そのため、外部にも目を向けることで、成長に必要な資源をより機動的に調達・活用できる可能性もある。

　ヤマハが電子楽器やオーディオ機器に用いた電子音源用の半導体技術を新たに獲得する際には、外部資源もうまく活用した。こうした技術の有力な入手元の１つは、研究・教育機能を備えた大学であった（第７章参照）。たとえば、電子オルガン「エレクトーン」の音源部品である半導体を自社で製造することになったけれども、その当時、ヤマハは半導体に関しては全くの門外漢であった。そこで、半導体分野の研究で当時から世界的にも有力な拠点であった東北大学にこの分野には素人同然の社員を派遣して、半導体製造技術を１から習得させた。さらに、スタンフォード大学で発見された周波数変調（FM）の原理に関する特許を基に独自のデジタル音源技術を発展させた。なお、この技術を発展させることで、「ボーカロイド」という人間の声を機械的に自在に作り出す技術が実現した。

　外部からの資源入手のための一般的な方法として、ここでは戦略的提携とM&Aについて紹介しよう。

　戦略的提携（アライアンス）とは、外部企業と協調して事業活動に取り組むものである。具体的には、ライセンス供与、技術提携、合弁事業（ジョイントベンチャー）の設立、販売・生産委託など、さまざまな形態がある。ヤマハがFM音源半導体を開発した際には、スタンフォード大学で発見された原理に関する特許の独

占的なライセンス供与を受けた。

　戦略的提携には、参加する企業が経営資源の不足を補い合うというメリットがある。だが、その半面で、協業のあり方をめぐって意見の相違が生じたり、場合によっては相手による裏切りの危険もあるなど、戦略的提携ではマネジメント面でのコントロールがままならないという難しさもある。

　M&Aとは、Merger（合併）とAcquisition（買収）の略語である。合併と買収とは異なる手法であるけれども、もともと別々の企業であったもの同士が一体となる点では共通している。M&Aによって、2つ（あるいはそれ以上）の企業の資源を結合させることで、事業の規模や範囲が拡大してより効率的な運営ができる可能性がある。提携の場合と異なり、統合後の経営資源に対しては自由にコントロールできるようになるというメリットがある。その反面で、もともと別の企業だったもの同士をどのように1つに統合するのかについては、困難が伴う可能性がある。ヤマハの場合、過去には内部資源の蓄積による成長が中心であったけれども、2000年代以降は他社（特に外国企業）のM&Aも活用しながら経営資源を獲得するようになっている。

　これらの外部資源を活用する場合には、自社の成長にとって有用な経営資源を持つ相手を見つけ出してくる必要がある。そのためには外部と内部の資源を組み合わせることで、どのように成長を実現できるか、あらかじめ考えておく必要があるだろう。さらには、組織風土などの情報的経営資源という観点からも、その適合性を事前に検討しておかねばならない。そのためには、相手の保有する経営資源の実際の状態やその潜在的な価値までなるべく正確に評価できることが望ましい。だが、モノ（たとえば、土地や生産設備）などの目に見える経営資源と比較すると、相手の持つ情報的経営資源について外部から適切に評価する難しさは顕著になると考えられる。

6 おわりに

　この章では、成長期のフェーズにある企業が、成長を実現するための経営資源をどのように入手し活用するかという問題について考えた。

　一般に、売上高や従業員数、拠点の数などが増えて、企業としての規模が拡大することを成長と呼ぶけれども、発達段階に応じた質的成長も欠かせない。だが、成

| Column11－2 |

ブリコラージュ

　成長期の企業が成長に必要な経営資源を前もって保有しているとは限らない。どれほど緻密な事業構想を描いていても、それを実現するのに十分なだけの事業資金（カネ）、業務上必要な人材（ヒト）や設備（モノ）がなければ、絵に描いた餅になりかねない。また、たとえどんなに革新的で素晴らしい商品を創出できたとしても、社会的認知度（情報）に乏しい企業であれば、なかなか既存の流通ルートには乗せてもらえないことも珍しくない。

　このようにアントレプレナーの行く手には、ほぼ常に資源面での制約がつきまとうと言っても過言ではない。では、「ないない尽くしの状態」の中で、どのように事業機会を追求できるだろうか。

　1つの考え方として、きちんとした計画に基づいて、必要とされる資源がすべて揃ってから実行に移そうというものがありうる。だが、それでは、資源面での条件を満たすまでは実質的に身動きが取れないということになってしまう。

　もう1つの考え方は、とりあえず、できることからやってみるというものである。ここでヒントになるのが、ブリコラージュと呼ばれる思考様式である。ブリコラージュは器用仕事と訳され、具体的には手元にある持ち合わせの材料をうまく組み合わせることで、必要なものを作ることを意味する。これは、もともとは文化人類学においてレヴィ＝ストロースが未開社会の人々の思考様式について用いた比喩であるが、これがアントレプレナーについても用いられるようになった。

　ブリコラージュの特徴は、近代科学の存在を前提とする「計画」というものを対置することで浮き彫りになる。ブリコラージュでは、まずは手元の利用可能な資源をやりくりしながら何ができるかを考えるという発想である。実際に行動してみることで、その時どきで利用可能な経営資源は変わり、それらを随時取り入れながら、次の方策を練る。これは一見すると無計画で場当たり的に対応しているように見えるけれども、新しく展開する状況に対応しながら、そのような展開を自ら生み出している。現実の企業の中には案外とこれと似たパターンで成長を成し遂げたものも少なくない。

長にとってカギを握るのは、目に見えない情報的経営資源である。人間は、単純に体格面での成長以外にも、失敗も含めてさまざまな経験を通じて内面的にも成長していくという側面がある。これは企業についても同様で、日常的な業務活動を通じ

た経験が、その企業の能力の土台となる。

　この章では、経営資源の入手方法として、内部調達と外部調達それぞれについて、いくつかの方法を紹介した。それぞれに長所・短所があり、どれが決定的に優れた方法であるというわけではない。それぞれの調達方法について理解を深めることも、成長にとってはとても重要である。

？考えてみよう

1．身の回りの製品で、製造過程で規模の経済が作用していると思われるものを挙げて、それがなぜ実現しているか、考えてみよう。
2．ヤマハはピアノの製造・販売と音楽教室という2つの事業を手掛けている。これらの事業の間にはどのような相乗効果があると考えられるだろうか。顧客とのつながりという情報的経営資源に注目して考えてみよう。
3．戦略的提携の1つとしてコンビニエンスストアや飲食などの業界でよく見られるフランチャイズ契約が挙げられる。フランチャイズ契約の下で、リスクの分散を図りながら、迅速な広域展開が可能になるのはなぜだろうか。

参考文献

ジェイ・B. バーニー、ウィリアム・S. ヘスタリー『新版　企業戦略論（上)』ダイヤモンド社、2021年
伊丹敬之・加護野忠男『経営学入門』日本経済新聞出版社、2003年
日本楽器製造株式会社『社史』、1977年
ヤマハ株式会社『ヤマハ100年史』、1987年
クロード・レヴィ＝ストロース『野生の思考』みすず書房、1976年

次に読んで欲しい本

伊丹敬之『経営戦略の論理（第4版)』日本経済新聞出版社、2012年
ローレンス・キャプロン、ウィル・ミッチェル『リソース獲得の意思決定——いかに成長を実現するか』中央経済社、2024年

第 **12** 章

長寿企業と
アントレプレナーシップ
―長寿を可能にする伝統と革新とは？

第1章
第2章
第3章
第4章
第5章
第6章
第7章
第8章
第9章
第10章
第11章
第12章
第13章
第14章
第15章

1　はじめに

　長寿企業は、業歴が100年を超える企業である。現代社会では、企業の平均寿命は30年と言われる。企業の長寿はそれほど実現が難しいのである。それでは、なぜ企業の長期の存続は難しいのだろうか？　それは伝統を継承しつつ、長期にわたって革新を継続して遂行できる企業が希少だからである。本章では、山中漆器の我戸幹男商店を事例に、ビジネスシステムの視点から長寿企業の伝統と革新に注目し、その長寿の「秘訣」を考えたい。

2　山中漆器と我戸幹男商店

　本章で注目する長寿企業は、山中漆器の産地でテーブルウェアを制作する株式会社我戸幹男商店（我戸幹男商店）である。山中漆器とは、現在の石川県加賀市山中温泉地区一帯で制作される漆器全般を指し、江戸期以前からの伝統工芸品としての木製漆器と近代以降のプラスチック製の近代漆器とがある。これら山中漆器を制作する様々な企業は、山中町やその周辺の市町村に広く分布し、山中漆器産地（山中産地）を形成しているのである。

　山中産地の中心地である山中町は、古くから「温泉の町」として全国的に有名である。その起源は8世紀に遡り、高僧・行基が山中温泉を発見したと伝承されている（若山、1959）。

　山中漆器の発祥は、西谷村真砂部落であると言われる。日本全国を漂流していた木地師の職人集団が良木を求めて真砂部落に移住し、杓子・椀・盆等の日用品を制作した。この木地師の職人集団は、時代を重ねるに連れて山中温泉の湯治客のニーズに合った製品を制作した。江戸期には漆塗や蒔絵の技術を導入し、下流に位置する山中温泉周辺に移住した結果、山中産地の礎が山中町を中心に形成された（山中漆器漆工史編集委員会、1974）。

　我戸幹男商店は、この山中産地の企業として、1908年に我戸駒吉によって創業された。我戸駒吉は、現在の我戸幹男商店代表取締役我戸正幸の曾祖父にあたり、我戸幹男商店は約115年、4代に渡って事業承継される長寿企業である。

┌─────────────────┐
│ Column12－1 │
└─────────────────┘

彦根仏壇産地のビジネスシステム

　彦根仏壇産地は、滋賀県彦根市及びその周辺市町村に分布する伝統工芸品「彦根仏壇」の産地であり、山中漆器の産地と同様に垂直分業型のビジネスシステムがある（柴田淳郎「経営と技能伝承のビジネスシステム：彦根仏壇産業の制度的叡智」加護野忠男・山田幸三編著『日本のビジネスシステム―その原理と革新』有斐閣、2016年、pp167-182）。

　彦根仏壇産地の分業構造は、大きく商部と工部に分けられる。商部は問屋であり、製造卸とも呼ばれる。工部は工部七職と呼ばれる7つの職能領域である、①木地、②宮殿（くうでん）、③彫刻、④漆塗、⑤金箔押（きんぱくおし）、⑥錺金具（かざりかなぐ）、⑦蒔絵で構成される。

　彦根仏壇でも、山中漆器と同様に製造卸である問屋が仕事を受注し、仏壇の加工自体は内部に職人を抱える企業の一部の工程以外は、原則、工部七職の独立した職人に加工を外注する。職人たちが加工した各部材は問屋に集荷され、そこで組み立てられ、産地外の顧客に出荷される。工部七職の職人たちは、自身の職能領域を専門的に担当するため、取引ガバナンスや品質管理、納期管理などの経営管理は、商部に所属する問屋が一手に行うのである。彦根仏壇は、「経営」と「技能」が分離するビジネスシステムを備えている点でも山中漆器と同様なのである。

　彦根仏壇のビジネスシステムの特徴には、商部に所属するそれぞれの企業が各職能領域の2人から3人の職人と長期継続的な取引関係を構築している点があげられる。長期継続的な取引関係とは、問屋の外注先が代々固定されており、仕事量が大幅に増加しない限り、継続して取引関係にある職人にしか仕事を外注しないという取引慣行を意味する。長期継続的取引関係は、日本の大企業ではかつて「系列」と呼ばれ、海外でも「KEIRETSU」と表記される日本型の取引慣行である。

　このような取引慣行が日本の自動車産業や家電産業のような近代産業だけでなく、彦根仏壇のような伝統工芸品の産地でも確認されるのは、日本のビジネスシステムの特徴と機能を考察する上で学術的にも興味深い。

第12章

　我戸幹男商店の創業時の商号は我戸木工所であった。創業以前の我戸家は、山中温泉で4代に渡って旅館を経営していた。しかし、我戸駒吉の代で旅館事業が倒産し、駒吉は木地師となり、山中産地で白木地製造業を開始したのである。1937年に創業者の駒吉が逝去し、養子の幹男が我戸木工所を承継した。現在の商号は

1975年に幹男が逝去し、その事業を長男の彰夫が承継した際、名古屋の問屋で勤務していた次男宣夫を呼び戻し、共同経営を開始した時に遡る。

　我戸彰夫・宣夫兄弟が父の「我戸幹男」の名を商号とすることで、「父の事業を承継したことを忘れず、兄弟が協力しあえること」を願ったことと、我戸家の家業が我戸幹男の代には当初の木地製造業だけでなく、販売事業にも着手して製造卸業へと発展を遂げており、「商店」と冠して家業の実態に商号を合わせたのである。1979年のことであった。

3 ビジネスシステム

❖ ビジネスシステムとは

　明治時代以降、我戸家は山中漆器の白木地製造業から販売事業に進出し、製造卸業へと事業転換を遂げた。ここでは、我戸家の家業はいかなるものだったのかをビジネスシステムの概念に基づいて考えてみよう。

　ビジネスシステムとは、企業が顧客に価値を届けるための仕組みであり、もっとも広い意味では「企業内ならびに企業間の協働の制度的枠組み」と定義される（加護野・山田、2016）。日本には、織物、漆器、陶磁器のように地域の歴史や文化を反映し、数百年にわたって存続する伝統工芸品産業の産地が数多くある。伝統工芸品産業では、固有の技術や技能が継承され、ビジネスシステムは、伝統技術や技能を受け継ぐ人材育成と密接に関連している。

　伝統産業のビジネスシステムの特徴は、①経営者と技能者の２つのタイプの人材育成と技能伝承、②顧客による産地の人材育成、③過剰でない競争状態の維持であり、産地全体の価値を高めて、共存に悪影響を及ぼさないように強者の力を制御する要因が組み込まれている。我戸幹男商店は、山中産地の企業として産地全体の分業構造の中に位置づけられる。まず山中漆器における産地の分業構造を俯瞰してみよう。

❖ 山中産地のビジネスシステム

　山中産地の分業構造は、第１部から第９部の職能領域から成り立っている。第１部は製造卸、第２部は木地、第３部は塗装、第４部は下地、第５部は蒔絵、第６部

【図12−1　山中漆器産地のビジネスシステムの全体像（木製漆器部門）】

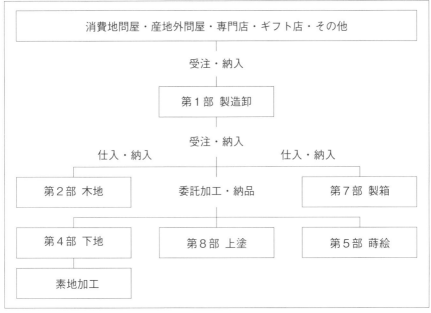

出所：『山中町史』287頁

は成形、第7部は製箱、第8部は上塗、第9部は拭漆である。以下では、伝統的な木製漆器について見てみることにしよう（図12−1）。

　木製漆器の生産では、第1部製造卸の企業が産地外の顧客から受注を受け、漆器のデザインを決定する。次に、第2部木地の企業が木地を挽く。木地が完成すると、その木地は第9部拭漆・第4部下地の企業による加工を経て、第8部の企業が上塗を施す。そして必要であれば、第5部の企業が蒔絵を施し、山中漆器が完成するのである。その後、第7部の企業はパッケージングを担当し、最後に発注元である第1部製造卸の企業にて、完成品の品質検査が行われ、山中漆器は全国の消費地問屋、産地外の問屋、専門店、ギフトショップ等へ向けて出荷される。

　山中産地の木製漆器のビジネスシステムは、具体的に言えば、第1部製造卸の商品の受発注から始まり、第9部拭漆、第4部下地、第8部上塗、第5部蒔絵、第7部製箱などの加工工程・パッケージング工程を経て、最後に第1部製造卸を再び介して、顧客に山中漆器を届けるまでのすべての価値創造のプロセスを指す。

　山中漆器の顧客に価値を届けるまでの仕組みは、各職能をもとに分業化され、そ

のプロセスは各部に所属する企業の協力関係によって成り立っているのである。その意味で山中産地のビジネスシステムは、まさに「企業内ならびに企業間の協働の制度的枠組み」と言える。

　このビジネスシステムの中で、特に重要な役割を果たしているのが第1部の製造卸である。製造卸は顧客のニーズに適合した漆器をデザインし、どのような加工業者に仕事を依頼するかも決定する。さらに、完成品の最終的な品質管理や納期管理に責任を負う。製造卸の役割は、企業間の協働を上手に調整し、顧客に商品が届くまでの取引全体を管理することであり、それは経営学で「取引ガバナンス」と呼ばれる。

　このように、山中産地のビジネスシステムの特徴は、第1に第1部製造卸の企業が全般的な経営管理を担当し、他の企業は各種技能（加工）に専念する点である。「経営管理」担当の企業と「技能」担当の企業とが役割分担しており、ビジネスシステムの中で「経営」と「技能」がはっきりと分離しているのである。分業化することで、製造卸は経営管理に特化し、職人は技能の修得に集中して互いに専門化の利益を享受できる。

　山中産地のビジネスシステムの第2の特徴は、顧客に価値を届けるまでのプロセス全体が、産地全体で分業化されている点である。これを垂直分業型ビジネスシステムと呼ぶ。このビジネスシステムのメリットは、創業が容易になることである。事例では、旅館業を廃業した我戸駒吉が、我戸木工所を比較的容易に創業できた。それは第2部木地に所属し、木地師としての技能修得のみに専念できたからである。創業の際、木地以外の職能の修得が必要であれば、創業するコストは大きくなり、その難易度も高くなる。

　垂直分業型ビジネスシステムには、デメリットもある。山中産地のビジネスシステムは、職能領域を軸に分業化されているため、個別の企業の協力を得られない場合も含め、ビジネスシステムの経営管理の複雑性が増すのである。そのため、製造卸が一手に「取引ガバナンス」を行うビジネスシステムが定着したと考えられる。

　我戸幹男商店の発展をビジネスシステムの視点で俯瞰すると、我戸駒吉が創業した我戸木工所は、第2部の木地加工を専門とする職能領域で事業を展開したことがわかる。また、我戸幹男商店は、我戸幹男、我戸彰夫・宣夫兄弟の代で、木地加工から販売事業に進出したが、これは第2部で木地加工を専業としていた我戸木工所が、第1部製造卸の企業へと展開したことを意味する。第1部製造卸事業への進出は、木地加工専業の企業から価値創造プロセス全体の取引ガバナンスや経営管理を

行う企業へと質的に転換を遂げたことになり、このことがビジネスシステムの概念
によって明らかになるのである。

4 リ・デザイン

❖ 我戸幹男商店の経営課題

　日本の高度成長とバブル経済を背景として、山中産地は大きく売上を拡大した。
我戸幹男商店も産地の成長と軌を一にし、順調に成長を遂げた。この時、我戸幹男
商店の主力商品は「拭漆」という伝統技法を活かした菓子鉢とお茶回りの商品で
あった。特に菓子鉢は「縦木取り」と「加飾挽き」という伝統技法によって量産が
可能であったため、我戸幹男商店の発展の原動力であった。

　しかし、バブル経済の崩壊を契機として、こうした順風満帆の状況は終焉を迎え
た。山中産地全体は長期の不況に直面し、我戸幹男商店もその存続の危機に直面し
たのである。この危機に対応するため、経営の舵取りをしていた我戸彰夫・宣夫兄
弟は、長男の正幸を我戸幹男商店に呼び戻し、「現代の若者の感覚に合った新商品
の開発」を担当させることにした。当時、正幸は東京の伝統工芸品分野で有名な消
費地問屋の武藤株式会社で、8年間営業職として勤務していた。

　我戸幹男商店の成長を支えてきた主力商品は、いわゆるDCブランドギフトの菓
子鉢であった。DCブランドギフトとは、産地の問屋とデザイナーがコラボし、新
商品のブランドギフトを開発する商売方法のことである。バブル経済絶頂期を知る
世代であれば、森英恵、KENZO、山本寛斎などのデザイナーの名前を知らない人
はいないだろう。著名なデザイナーとのコラボした商品は、漆器だけでなく、陶磁
器やタオルなどの産地でも積極的に開発され、バブル期の大量のギフト需要を背景
に一大ブームとなっていた。

　しかしながら、このDCブランドギフトの商品群はバブル経済崩壊以後、全く売
れなくなってしまった。デザイナーが綿密な市場調査を重ねず、問屋も販路から取
扱アイテムの選別、仕立てまでの開発プロセスすべてをデザイナーに丸投げしてい
たからである。DCブランドギフトの開発は、短期的には注目されるが、一過性の
ブームに終わる傾向が顕著であり、息の長い定番商品の開発にはつながらなかった
のである。

「現代の若者の感覚に合った新商品の開発」を任された我戸正幸も、スピーカー等のDCブランドギフト商品の開発に挑戦した。しかし、我戸幹男商店が従来販売してきた山中漆器とは用途が異なることが多く、新しく販路を開拓しなければならなかった。さらに、短期間で売れなくなるため、償却できない開発費が経営に重くのしかかる結果となったのである。

❖ 新商品開発とKSF（キーサクセスファクター）

我戸正幸の新商品開発は、南部鉄器の業者からドイツのフランクフルトで開催される見本市への出品を勧められたことを突破口にして展開していく。南部鉄器とは、東北地方の岩手県で生産されている伝統工芸品であり、現在でも欧州やアメリカ、中国でも爆発的な人気を誇っている。正幸は、南部鉄器と調和する茶筒の開発を勧められたのである。

この茶筒の開発に我戸幹男商店と共同で携わったデザイナーが、金沢美術工芸大学の安島諭である。安島諭の新商品開発の考え方は、「リ・デザイン」であった。「リ・デザイン」とは、「1からものを作る」のではなく、伝統工芸を今の時代や生活様式に適合するように、「デザインしなおす」という考え方であり、「ベストセラーではなく、ロングセラー」を目指す新商品開発を意味していた。安島の考え方は、これまで我戸正幸が重ねてきたDCブランドギフト開発の失敗から得た教訓とも合致し、従来の新商品開発とは一線を画した息の長い定番商品の開発を二人三脚で目指すことになった。

実際の新商品開発プロセスでは、デザインだけがキーサクセスファクター（KSF）ではない。新商品として成立するためには、先鋭的なデザインと生産効率の両立が求められる。事実、いかに卓越したデザインであっても、それを実際に生産するのは山中産地の各部に所属する職人たちであり、職人たちの加工技術で実現可能なデザインを追求する必要がある。

一方、効率性の追求には、産地の職人たちに継承されてきた伝統技能を活かしつつ、商品を構成する部材も可能な限り単純化・共通化し、生産で使用される型などの道具も複雑化しないように工夫しなければならない。生産効率が先鋭的なデザインによって犠牲になれば、新商品の原価は高騰し、その結果単価が高くなって商品は売りものにならなくなるだろう。この点を熟知していたのが、製造卸の我戸正幸であった。新商品開発は、先鋭的なデザインと生産の効率性を同時に追求して進められたのである。

```
Column12-2
```

有田焼産地とオープンイノベーション

　有田焼は江戸時代に始まり、有田は「古伊万里」「柿右衛門」「鍋島」の伝統様式を継承する和様磁器の発祥の地である。格式の高い有田焼の産地もバブル経済崩壊以後、主力商品であった業務用食器の売上低迷が続いた。この危機に対処するため、産地商社百田陶園社長の百田憲由とプロダクトデザイナーの柳原照弘が中心となって、オープンイノベーションを企図して立ち上げた新商品開発プロジェクトが「1616/」であり、世界的な成功を収めたことで知られている（山田幸三編『ファミリーアントレプレナーシップ—地域創生の持続的な牽引力』中央経済社、2020年、pp. 114-131）。オープンイノベーションは、チェスブロウが2003年に提起した概念で「企業内部と外部のアイデアを有機的に結合させ、価値を創造すること」と定義される。

　「1616/」では、2012年に百田陶園が産地外のデザイナー柳原照弘、オランダのデザインスタジオ・ショルテン＆バーイングスと連携し、有田焼の伝統的な意匠である和様式にこだわらず、伝統的な色彩や品質に焦点を合わせた。主力の業務用市場ではなく、一般食器市場の顧客に訴求するという新機軸が打ち出され、ヨーロッパを中心に海外の販路開拓を目指した。「1616/」の共同開発には、外部のデザイナーだけでなく、宝泉窯、錦右エ門窯、藤巻製陶という有田焼の重代の窯元が参加した。

　「1616/」シリーズは、ミラノで開催された世界最大規模の国際見本市ミラノサローネで高く評価され、翌年の2013年には、世界的なデザイン賞の「エル・デコ・インターナショナル・デザイン・アワード」のテーブルウェア部門でグランプリの栄誉に与った。その結果、「1616/」シリーズの販路は世界20か国に拡大し、売上を大きく伸長させることに成功した。「1616/」の成功は、産地に根付く企業が中心となって、産地内部と外部のアイデアを有機的に結合し、オープンイノベーションを実現した結果であったと言えよう。

5　第二創業

❖ 新商品「KARMI」の成功

　我戸正幸と安島諭の新商品開発によって誕生した商品群は、「KARMI」と名付けられた。「KARMI」の特徴は、伝統的な「加飾挽き」の技法の中で、「千筋」という細い幅で一本ずつ筋を挽いていく難しい技術で模様付けされていることである。そして、当初の計画通り、ドイツのフランクフルトで開催される見本市に出品され、山中漆器の技術や技能の高さを世界に発信した。

　新商品「KARMI」は、国内で評価されるだけでなく、海外においても高い評価を獲得した。国内では2010年にグッドデザイン賞および中小企業庁長官賞を受賞し、さらに翌年の2011年にはデザインプラス賞を受賞した。海外では、2012年にドイツ連邦デザイン賞銀賞の栄誉に浴した。これらの受賞は、山中漆器の技術や技能が国内だけでなく、海外でも高く評価された証である。「KARMI」開発に携わった我戸正幸は、その成功要因を次のように語っている。

　　　「そうですね…。ちょっと細かいことをいいますと、まずお茶の種類による体積の違い。こういうことをこの機会（フランクフルト見本市への出品のこと）で初めて知ったんですけど、みんな「お茶100ｇ」ていって茶筒を作るんですけど、緑茶ベースなんですよね。で、よくよく調べてみると、例えば加賀棒茶の100ｇは大きいし、烏龍茶も緑茶とは違う。どこかにターゲットを絞ろうってことで、世界一飲まれているお茶は何だろうって調べたら、今度はダージリンティーだったと。で、ここの100ｇで想定して容器をつくろうと。で最初に作ったのが細長い茶筒で、ダージリン100ｇの茶筒だった。」

　一口に茶筒と言っても、日本で飲まれているお茶とヨーロッパで飲まれているお茶は異なり、その種類ごとに茶筒のデザインは変わる。我戸正幸は、「KARMI」の開発プロセスでこのことを認識して綿密な市場調査を重ね、先鋭的なデザインの考案だけでなく、国や地域によって異なる種類のお茶に適合する機能性を備えた茶筒を開発して顧客ニーズに応えたのである。

【写真12‒1　ドイツ連邦デザイン賞受賞作品「KARMI」】

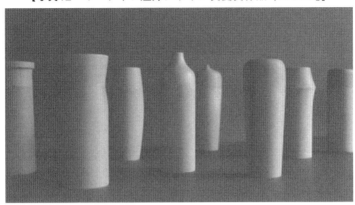

出所：我戸幹男商店

　「KARMI」は、先鋭的なデザインが国際的に評価されただけでなく、市場ニーズに適合したことで国内と海外で爆発的なヒット作となった。当初の意図通り、我戸幹男商店のフラッグシップ商品となり、ロングセラーの定番商品となったのである。

❖ 経営継承と新たな挑戦

　2015年、我戸正幸は正式に我戸幹男商店代表取締役に就任した。これにより、先代の父我戸彰夫から我戸幹男商店の経営を正式に継承した。「KARMI」の世界的な成功を受けて、正幸は先代から承継した事業とは異なる新しい事業の展開を図る。このように、「新しく事業を承継した経営者が先代までの事業とは異なる新しい事業を創業すること」を第二創業と呼ぶ。

　2017年11月、我戸正幸は、これまでの主力事業であった製造卸業から小売業に進出した。山中温泉の観光の中心地である「こおろぎ橋」に近い場所に我戸幹男商店直営の第一号店「GATOMIKIO/1」（ガトミキオ・ワン）を開店したのである。

　従来の製造卸業、すなわち産地問屋では、自社商品の取り扱いは原則、消費地問屋や専門店等に任せることとなり、その結果自社商品のブランド管理が難しく、顧客の声を直接聞くことができないという弱点があった。正幸は小売業に進出することで、我戸幹男商店の伝統的なビジネスシステムが内包する弱点の克服を目指したのである。

　現在の我戸幹男商店はコロナ・パンデミックを契機に、直営店「GATOMIKIO/1」以外にECサイトによるB to C事業の育成に注力し、国内外で大きな成功を収めて

【写真12 - 2　我戸幹男商店直営店：GATOMIKIO/1】

出所：我戸幹男商店

　いる。ECサイトは、世界から容易にアクセスでき、国内の伝統工芸品の愛好家だけでなく、SNSを活用する世界中の若い世代にも自社商品をアピールできる。また、ECサイトはブランド管理が容易で、誰がどのように自社商品を活用しているのかも可視化でき、顧客ニーズに機敏に対応できる経営が可能となった。さらに、ECサイトによるB to Cビジネスには、消費地問屋等の中間業者がいないため、利益率が大幅に改善したのである。

　我戸幹男商店の成功は、「KARMI」のような「現代の若者の感覚にマッチした新商品」を開発したという理由だけに留まらない。我戸幹男商店が構築してきた消費地問屋や専門店等を介した伝統的なビジネスシステムそのものの革新、別の言い方をすれば、B to BからB to Cに我戸幹男商店のビジネスシステムを革新したことも大きく影響している。伝統とその革新こそが、衰退しつつあった家業を立て直し、次の世代への承継を可能にしたのである。この革新が実現できた理由は、我戸正幸のアントレプレナーシップに帰されると言えよう。

6　おわりに

　100年以上の長いスパンで俯瞰すると、長寿企業は外部環境と内部環境の大き

な変化に直面している。技術や顧客、経営者や従業員は、100年前とまったく異なるからである。長寿企業には、一代でははっきりと認識しがたいが、確実に忍び寄る環境の変化に対して、世代を超えた対応が求められる。我戸幹男商店は、産地の企業として山中漆器の伝統を継承し、その強みを活かしつつ、現代の社会生活に適合した新商品の開発とそのビジネスシステムの革新に成功して長寿企業としての存立基盤を再構築したと言えるだろう。

❓考えてみよう

1．垂直分業型のビジネスシステムとは何ですか？　考えてみよう。
2．リ・デザインとは何ですか？　考えてみよう。
3．第二創業とは何ですか？　また、我戸幹男商店の場合、それはどのように展開されましたか？　考えてみよう。

参考文献

柴田淳郎「長寿企業の長期存続プロセスにおける経営継承と事業転換―山中漆器産地のビジネスと事業転換」甲南経営研究第60巻1・2号、2019年
加護野忠男・山田幸三編著『日本のビジネスシステム―その原理と革新』有斐閣、2016年
山中漆器漆工史編集委員会編『山中漆工史』山中漆器商工業協同組合、1975年
若山喜三郎編『山中町史』山中町史刊行会、1959年

次に読んで欲しい本

石井淳蔵・加護野忠男編著『伝統と革新―酒類産業におけるビジネスシステムの変貌』千倉書房、1991年
山田幸三『伝統産地の経営学―陶磁器産地の協働の仕組みと企業家活動』有斐閣、2013年

第12章

第 IV 部

地域とアントレプレナーシップ

アントレプレナーシップと
エスニック・マイノリティ
─コミュニティはアントレプレナーの活力を
いかに生み出すか?

1　はじめに

　同じ国や社会、経済においても、個人や集団が置かれた立場や歴史的背景、社会的条件の違いによって、自由や平等は当たり前ではなくなる。古代からの歴史の中で、排斥、迫害の対象となり、世界中に離散してきたユダヤ民族の経験はその例である。

　移民など、ある国や社会で人口や地位においてより小さな、あるいはマイナーな集団として区別でき、民族的な特色を持つ人々をエスニック・マイノリティ（ethnic minority）、あるいはエスニック集団（ethnic group）と呼ぶ。これらの人々は、共通する民族的特徴や文化を持つ集団の一員であるという認識、エスニック・アイデンティティ（ethnic identity）をもっている。

　マジョリティにとっての前提が、マイノリティにとっては当たり前でないことが少なくない。そうした違いがある中で、マジョリティと共存して経済生活を送るために、エスニック集団として独自の資源、事業機会、ネットワークを活かして事業を立ち上げ、展開する活動を本章ではアントレプレナーシップと呼び、それらの活動主体となる人々を、エスニック・アントレプレナー（エスニック企業家）と呼ぶ。

　在日コリアン3世で、日本におけるIT企業家のシンボル的存在である、ソフトバンクグループ代表の孫正義もその一人である。また、これほど突出した企業家ではなくても、さまざまなエスニック企業家が存在する。本章では、日本におけるエスニック集団の特質に触れながら、エスニック・アントレプレナーについて考えることにしよう。

2　神戸長田ケミカルシューズ産業

　日本でエスニック・マイノリティとは、誰のことであろうか。先史以来、日本列島は多民族列島であったとされるが、先住民のアイヌ民族は、明治維新を機に日本人に編入されたエスニック・マイノリティである。

　また、エスニック集団として20世紀初頭から日本に在住する歴史的経緯をもつ、在日コリアン。戦前に来日した中国、インド国籍人。これらの人々は、オールドカ

マーと呼ばれるエスニック・マイノリティである。1980年頃からは、中国人、フィリピン人、ブラジル人（日系ブラジル人）、パキスタン人等が移民として多数来日しており、ニューカマーと呼ばれている。

　日本人となったアイヌを除くエスニック・マイノリティは、法務省の在留外国人統計において国籍、地域別に集計されている。2022年末には、中長期在留者および特別永住者は、307万5,213人を数え、日本の人口の約2.1%を占めている。

　それぞれのエスニック集団によって、来日時期や生活基盤の特質は様々であるが、なかでも在日コリアンは、その歴史的経緯と、自営業に従事する企業家比率がおよそ4割ともっとも高いことから、他のエスニック集団とは異なった特徴を持つ。

　最多の大阪府をはじめ、関西圏は在日コリアンの居住比率が高い。「履き倒れのまち」とも称する兵庫県神戸市は、明治の頃には製靴店が誕生し、ゴム履物の生産を経て、続くケミカルシューズと名付けられた化学素材の靴を中心に、婦人靴の生産量で8割の国内シェアを占めた。この業界には、在日コリアンが多数従事していた。

　1950年、60年代は国内市場にとどまらず、輸出の飛躍的な増大によってケミ

【図13-1　ケミカルシューズの生産工程（概略図)】

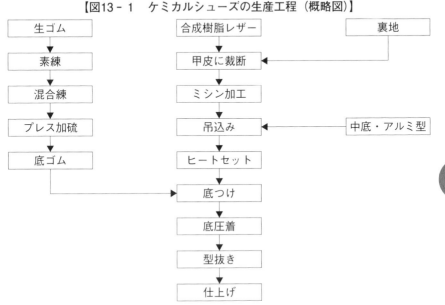

出所：日本ケミカルシューズ組合提供資料を参考に著者作成

【図13-2　ケミカルシューズ製造経路図（甲皮）】

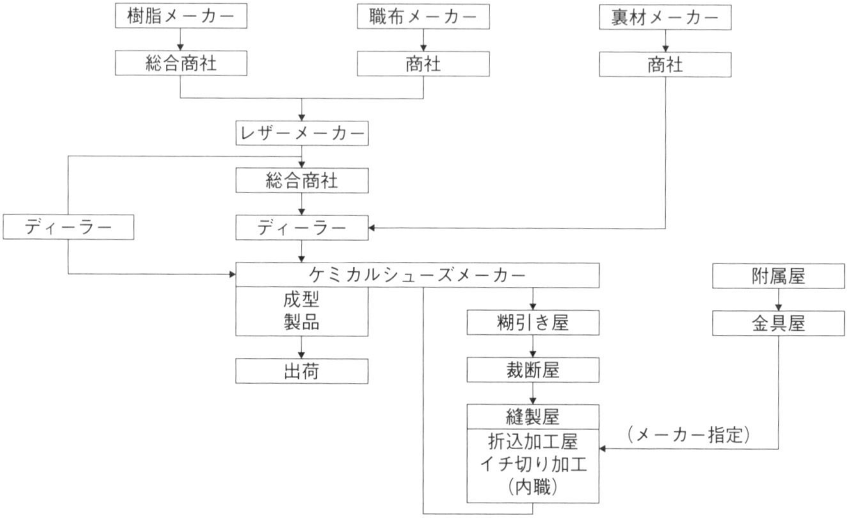

出所：兵庫県商工部、日本ケミカルシューズ組合［1973］「神戸ケミカルシューズ
　　　―産地緊急診断勧告ならびに報告書―」p. 48.

【図13-3　ケミカルシューズ製造経路図（底）】

出所：兵庫県商工部、日本ケミカルシューズ組合［1973］「神戸ケミカルシューズ
　　　―産地緊急診断勧告ならびに報告書―」p. 48.

カルシューズ業界は非常に活況を呈していた。ケミカルシューズ製造業はいわゆる
地場産業として、関連業者が神戸市長田区、須磨区にまたがる長田地区に集積して

きた。製造工程は、各靴材料、加工工程が細かく専門化され、複雑な分業構造を形成してきた。その専門化された工程に対して数多くの業者が存在するとともに、簡単な手作業は内職仕事として主婦などが家庭で請け負った。

こうした細分化された分業構造のなかでは、少額の資本で一部の工程を担う業者となれるなど、比較的容易に業界に参入できた。「長田では、道端にお金が落ちている」と言われることがあったが、ケミカルシューズ産業にかかわる仕事をすれば、すぐに収入が得られたからである。

このように、小資本で比較的容易に独立起業できること、同じ在日コリアンがこの業界に多数従事し、経済的に成功している多くの先例が身近にあったことなど、エスニック集団内で業界に関する情報の蓄積と伝播が活発だったことなどから、この地域では在日コリアンのエスニック・アントレプレナーが多数生まれた。

3 社会関係に埋め込まれたエスニック・アントレプレナーシップ

❖ エスニック集団

エスニック・アントレプレナーが事業として立ち上げ、自営しているビジネスをエスニック・ビジネスと呼ぶ。エスニック集団にとってもっとも身近な自営業は、同じ社会の中で同じエスニック集団を対象に、飲食店や生活雑貨など特有の生活習慣、文化にかかわる商品、サービスを提供するエスニック集団型ビジネスである。

また、ホスト社会の主要ビジネスとは棲み分けたニッチ（すき間）ビジネスを、エスニック集団以外にも対象を広げて展開する、ホスト社会型ビジネスもある。特定のホスト社会での自営業比率は、エスニック集団ごとに異なっている。アメリカでは、1980年代以降、イスラエル移民男性の29%、韓国移民男性の28%が自営業に従事しているが、ラオス移民男性、プエルトリコ移民男性では、同じ自営業比率が3.2%であったとする研究もある。

こうしたエスニック集団間の自営業比率の差異は、出身国での自営業比率との関係よりも、ホスト社会でエスニック集団がどのような状況に置かれているかが影響しているとされる。

ある社会において、特定のエスニック集団から企業家が生まれる背景や原動力を説明するうえでは、いくつかの異なった捉え方がある。あるエスニック集団が元来

第13章

189

持っている文化に、自営業への志向性があると捉えるのが文化仮説である。たとえば、移住前から備わっていた文化が、新しい環境のもとで生活していく競争力につながるとする前適応（preadaptation）概念など、移住の成功や失敗への影響を、元来保有する文化から説明しようとする捉え方である。

　ただし、同じエスニック集団でも、ホスト社会が異なれば生活様式、展開するビジネスは異なってくるし、自営業比率も変わるため、特定の文化がいつも同じように競争力につながるとは限らない。

　エスニック集団の文化は、移住先の文化と接触して文化変容を生じるのである。それは、エスニック集団がホスト社会におけるさまざまな相互作用のなかで、状況に反応した結果であるとも言える。このように、自然や環境の変化に対して、長期的な適応を可能にするのが文化であり、文化を非遺伝的な適応システムとみなす捉え方がある。こうした文化変容による適応的反応として、エスニック・アントレプレナーの誕生を説明しようとするのが反応仮説である。

　一方、言語能力、学歴、職業スキルなどを保有していても、ホスト社会において正当な評価を得られない場合に、自営業を志向するという捉え方もある。能力そのものではなく、エスニック集団が置かれた社会関係における、能力の市場での価値評価の影響に着目した捉え方である。

❖ 経済的棲み分け

　マイノリティであることで、ホスト社会ではさまざまな社会的、経済的、法的前提の違いを強いられる。こうした違いから、就職、職業選択において、マジョリティにとっては当たり前の自由を与えられず、労働市場から排除される場合、自営業として周縁的業種を開拓していかざるを得ず、経済的棲み分けを余儀なくされる。

　在日コリアンの三大産業と呼ばれてきた、焼肉、パチンコ、スクラップ回収は、ニッチ（すき間）産業、静脈産業とも呼ばれ、社会の主要ビジネスと棲み分けて展開されてきた。

　在日コリアンは、三大産業以外にもさまざまな業種において、棲み分けた企業家として経済基盤を築いてきており、製造業の地場産業にも多数従事していた。その一例が、神戸長田のケミカルシューズ産業である。他にも、大阪生野のヘップサンダル産業、東京荒川のレザーバッグ産業、80年代までは、京都の西陣織産業における染色、捺染（なっせん）業者、機織業者にも在日コリアンが多かったことが知られている。

エスニック集団の自営業への志向を、こうした視点から捉えるのが排除仮説である。

「確かに幼い頃のあの体験が、人生は絶対に這い上がらなきゃいけないんだ、と激励してくれているような気がしますね」（佐野眞一『あんぽん　孫正義伝』小学館（2012年）p.101）。これは幼少期の自らの原体験についての、ソフトバンクグループ孫正義代表の言葉である。

こうした認識は、マジョリティと同じ前提が認められないという制約の存在が、エスニック集団が企業家志向を発揮する潜流となっていることを示唆している。

ただし、この排除仮説もまた、それだけではエスニック・アントレプレナーを生み出す要因のすべてを説明できない。文化仮説、反応仮説や資本へのアクセス可能性、能力の市場での価値評価など、複眼的な視野でエスニック・アントレプレナーが、どのような社会関係を構築しているのか、すなわち、どのような状況に埋め込まれているのかを明らかにしながら理解する必要がある。

【写真13-1　神戸長田地区に掲げられた「くつのまちながたマップ」】

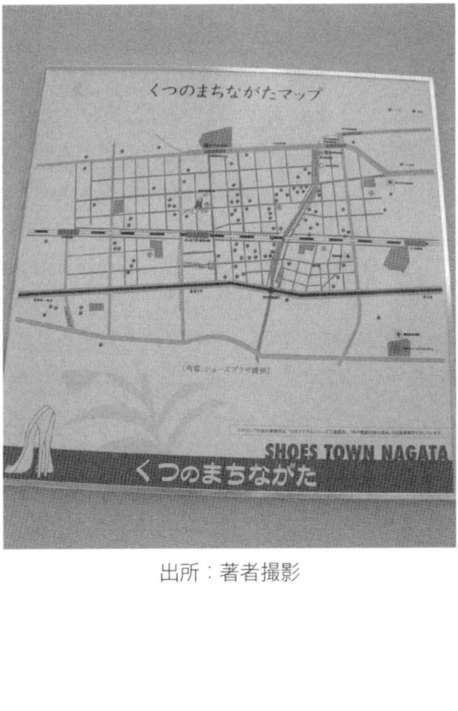

出所：著者撮影

Column13－1

ユダヤ人企業家の隆盛：
教育が支えるエスニック集団の卓越性

　メタ（旧フェイスブック）社のマーク・ザッカーバーグ、グーグル（アルファベット）社のラリー・ペイジ、セルゲイ・ブリン、スターバックス社のハワード・シュルツ、GAP社のドナルド・フィッシャー、これらの企業家には共通点がある。

　また、映画監督のスティーブン・スピルバーグ、物理学者のアルバート・アインシュタイン、心理学者のジークムント・フロイト、発明家のトマス・エジソン。これらも同じ共通点をもつ人々のほんのわずかな例である。

　企業家として、あるいは様々な分野において飛び抜けた足跡を刻んでいるこれらの人々の共通点は、ユダヤ民族というエスニック集団であること。ただし、その卓越性の源は、ユダヤ人の血統ということより、むしろユダヤ教にもとづく家庭のしつけ、習慣、教育や精神的、文化的伝統が強く影響していると考えられる。

　ユダヤ的教育なくしてユダヤ民族は存続できないとも言われる。ユダヤ民族にとって最も古く、重要で聖なる史料である旧約聖書には、子弟の教育の大切さと、人生の糧としての知恵と教養が教訓として語られている。

　ユダヤ教の律法は成文律法トーラー（聖書冒頭のモーセ五書、創世記、出エジプト記、レビ記、民数記、申命記とその書物）と、それを補完する口伝律法（くでんりっぽう）ミシュナーによって構成される。ヘブライ語で（トーラーを）学ぶという動詞から派生し聖典を意味する語が、タルムードである。

　成文律法トーラーそのものは不動ではあるが、ユダヤ民族の生活と行動を絶えず規定すべきものであったため、ユダヤ教学者、賢者たちによって、異なる時代、状況のもとで常に批判的に解釈上の議論の対象とされてきた。

　ユダヤ人の子供たちが取り組む口伝律法の学習では、批判的なものの見方や討論がつきもので、教える者と教えられる者の間の対等な意見交換が前提となる。学習を通して批判的な態度を身につけることを学び、物事を冷静に、より正確に客観的に認識し、「空気」に影響されず、自ら考える力を養っていくとされる。

　出所：大澤武男『ユダヤ人の教養』筑摩書房（2013）、市川裕『宗教の世界史7　ユダヤ教の歴史』山川出版社（2009）、Steven Silbiger, The Jewish Phenomenon. M. Evans & Co.（2009）

4 エスニック・アントレプレナーの資源獲得ネットワーク

❖ チェーン・マイグレーション

　世界各地には、チャイナ・タウン、コリア・タウンなど、多様なエスニック社会が形成されている。エスニック集団内のネットワークにもとづく情報交換が行われ、同郷の移民が連鎖的に移住する結果生じる現象でもある。こうした連鎖的移住は、チェーン・マイグレーションと呼ばれる。

　同じエスニック集団でも、個々人によって言語能力、学歴、職業スキルなどは多様である。しかし、特定のホスト社会においては、同じ文化的背景と特質を持つマイノリティとして認識され、能力の市場での価値も一様に評価される。こうした状況の下、エスニック集団として、相互扶助、伝統の保持、防御などの目的とともに、必要となる経済基盤を確保しやすい場合に集住が進む。

　ホスト社会で生活基盤を持たない移住者にとって、エスニック集団内の人的ネットワークから得られるエスニック資源は貴重な糧となる。

　日本のニューカマーエスニック集団では、パキスタン人、ナイジェリア人の自営業比率が高い。パキスタン人は中古車輸出業、ナイジェリア人は衣料品店とバー経営というニッチ分野に特化している。

　パキスタン人にとって、輸出中継地のドバイにあるパキスタン人コミュニティを利用できたこと、日本にモスクというネットワークの拠点があったことが事業展開を支えたとされる。ナイジェリア人は、ビジネスのノウハウを、同じエスニック集団組織を通じて学べたことが奏功したとされる。

　ただし、こうしたエスニック集団のネットワークやコミュニティの活用だけで、事業展開が可能となったわけではない。パキスタン人、ナイジェリア人の多くは、日本がバブル景気と呼ばれた80年代に男性労働者として来日し、中小零細の製造現場や建設現場で働いていた。その後、帰国した単身者とは異なり、日本人女性と結婚して在留資格を得た者、妻に日本語の読み書き能力に関わるハンデを補ってもらえた者、すなわち、日本社会にエスニック集団を超えた生活基盤を築いた者が、自営業者として事業展開できたのである。

第13章

❖ ネットワーク内にある信頼関係

　事業を始める際に不可欠となる資金については、頼母子講（たのもしこう：rotating credit associations）を利用した例が多く知られている。エスニック集団は、移民という立場で信用、担保がないため、現地金融機関からの借り入れが困難である。そこで、一定数のエスニック・メンバーを集め、毎月一定金額ずつ出し合い、毎月の総額を、全員一巡するまで順番に受け取る仕組みをつくる。

　発起人はメンバーの支払いが滞った時の保証人になる必要があり、先にお金を受け取った者が逃げてしまいかねないリスクを負うが、エスニック集団ネットワークに内在する強制力をともなう信頼関係を基礎として、助け合いのために成立するのが頼母子講の仕組みである。ただし、頼母子講に代表される民間の互助的な金融や便益の融通手法は、エスニック集団に限られるものではなく、日本では鎌倉時代にその存在が確認されている。

　海外在住日本人社会でも頼母子講が活用されてきたことが知られているが、韓国・朝鮮人社会では、儒教思想の約束観念にもとづく、契（け）と呼ばれる互助的集団が同様の機能を果たすとされる。この契システムの運用による融資制度が、在日コリアンのビジネスとして、いわゆるサラリーマン金融（サラ金）、消費者金融に変遷したとされる。

　民族金融機関の役割についても、その重要性が指摘されている。1950年代に信用組合として、在日コリアンの民族金融機関が全国に設立されていった。焼肉店などの飲食店、不動産賃貸管理業、貸金業、再生資源卸売業（スクラップ回収）、繊維関係の製造業など、比較的小規模な事業経営において、あるいは成長初期段階において、民族金融機関が在日コリアンに特化した、限られた融資提供元として重要な役割を果たしたとされる。

　神戸長田地区のケミカルシューズ製造業では、部分工程のみを担う関連業者としてだけでなく、完成品を製造するメーカーとして業界に参入することもそれほど困難ではなかった。それを可能にしたのが、工場アパート（貸工場制）である。

　ケミカルシューズ製造業で、部分工程の労働者として経験を積んだ後、自らメーカーとして独立する際にも、工場アパートの存在が資本の制約を取り除く役目を果たした。売れる製品さえ作れば、さまざまな面で卸問屋が支援してくれる体制があった。

　さらに、一旦信用が得られれば、手形決済が認められる慣習もあった。複雑な分

【写真13－2　1995年1月17日の阪神淡路大震災後に建てられた長田の工場ビル】

出所：著者撮影

業工程によって成り立つ業界であるからこそ、中間工程は分業先をコーディネートすればよく、メーカーとはいえ、最終の甲皮と底の成型、仕上げ工程を担うだけで、自社製品として販売できた。業界が備えるこうした条件も、エスニック集団の参入を促し、エスニック・アントレプレナーを生み出す素地となってきた。

5　社会関係の変容とアントレプレナーシップ

❖ エスニック集団を取り巻く環境変化

　商業移民として、戦前から貿易港である神戸などに集住し、貿易業に携わったインド人。縫製、理髪、料理の三把刀（さんばとう）を主とする自営業を営む老華僑（ろうかきょう）などのオールドカマーを除くと、他のニューカマーエスニック集団は、自営業比率では先述のパキスタン人、ナイジェリア人には及ばない。それは、エスニック集団として、資源獲得、事業機会の探索、ネットワークの構築や活用がうまくなされていないためだと考えられている。

Column13－2

パキスタン系アントレプレナーと中古車貿易業

　在留外国人の増減には、ホスト社会の経済状況や入国管理政策が大きく影響する。1980年代後半のバブル景気の頃には、パキスタンの他にも、バングラデシュ、イランなどから単身男子労働者の来日が急増した。ピーク時の1988年には、パキスタン人の年間入国者は約2万人であった。

　背景には、それらの国々との間で観光、商用等の目的での入国にはビザ（査証）を必要としないという、査証相互免除協定の存在があった。しかし、資格外就労者となり、超過滞在して製造現場や建築現場で単純労働に従事する者が増加したため、政府は査証相互免除協定を停止（1989年）し、出入国管理及び難民認定法を改正、厳格化（1990年施行）した。そのため、1990年のパキスタン人入国者は5千人に減少した。

　大企業の関連工場で派遣労働者として大量雇用された日系南米人とは異なり、パキスタン人は、中小製造企業の現場で長期就労する傾向にあり、職場で日本語の会話能力を向上させるなど、信頼関係を構築した。そうした日常の中で、職場、飲食店、スポーツジム等で海外に関心を持つ日本人女性と出会い、結婚した例が報告されている。

　中古車輸出業はベトナム人も手がけているが、出身国にとどまらず、スリランカ、バングラデシュ、ドバイ、サウジアラビア、アラブ首長国連邦、ケニア、ニュージーランド、オーストラリア、チリ、ペルー、ニカラグアなど、世界の輸出市場を開拓できた点がパキスタン人のこの業界への特化を促した。

　1979年にはスズキが、1992年にはトヨタ自動車が現地工場の建設を決定し、日本、パキスタン両政府の合意による産業保護のための規制強化で、パキスタン向け中古車輸出が困難になったことが、世界展開に拍車をかけた。

　パキスタン人は親族ネットワークの信頼関係が強固で、親族内の男性を中心に事業に動員し、親族、友人、知人を世界中の中古車市場に移住させ事業展開した。こうしたトランスナショナルなネットワークとその活用が、世界市場での中古車貿易業への特化を成功に導いたと考えられる。

出所：工藤正子（2015）「在日ムスリム社会のダイナミクス」『アステイオン』83号、CCCメディアハウスpp. 90-104、福田友子（2012）「パキスタン人―可視的マイノリティの社会的上昇」『日本のエスニック・ビジネス』世界思想社、pp. 221-250

　在日中国人は、中国や日本での同窓生ネットワークを活用し、留学生出身の一部の技術者がITビジネス分野で起業している。ただし、最大のエスニック集団ではあっても、技能実習生、留学生、専門技能者、日本人の配偶者など、在留資格や社会的地位、生活基盤が多様で、エスニック集団としての自営業比率は高まっていない。

　在日ベトナム人も、技能実習生、留学生、難民など中国人同様に社会的地位の多様性が起業を阻害しているとされる。在日フィリピン人は日本人の妻である女性が多く、自営業者となることは少ない。

　日系人として特別な在留資格が認められているブラジル、ペルー、ボリビア、アルゼンチンなどの日系南米人は、起業への制度的な制約はないと考えられ、本国で自営業経験を持つ場合も多いが、自営業比率は特に低い。

　実際、日本人との社会関係を構築せずとも、日系人として合法的に滞在できる日系南米人は、日本語能力が日常会話程度と不十分な場合が多く、正社員にも自営業者にもなれていないことが多い。求職手段も移民同士のネットワークに限られており、多くが自動車、電機産業などで派遣労働者として働いていた。そのため、サブプライムローンの破綻による金融危機が決定的となった2008年9月15日以降、在留ブラジル人では、2007年の30万人超から約半数が帰国した。その後増加は見られるが、2023年時点で約21万人である。

❖ 自営業比率の国別の違い

　自営業比率は国ごとに異なるが、その比率に影響を与える要因とメカニズムについて、平均賃金や、失業率との関係から、いくつかの事実が明らかにされている。

　自営業比率の国ごとの差異を説明する重要な要素は、その国の富（1人当たりGDPの高さ）であるとされる。ある国が富んでいればいるほど、自営業比率は低くなり、ビジネスを始めようとする人、最近ビジネスを始めた人の割合が小さくなる。以下に理由を示そう。

第13章

　富が多く豊かな国では平均賃金が高くなり、労働コストの上昇が経営課題となる。そこで、労働者の仕事を機械で代替しようとすると、規模の経済（economies of scale）によって、より大規模設備を有した方がコストを抑えられると企業は考える。規模の経済とは、製造・販売する規模が大きいほど、その製品1つ当たりの製造・販売コストが低く抑えられる経済的メリットのことを言う。そのため、機械への資本投資がより大規模化し、企業規模も拡大していく。市場でのコスト競争で、

大企業が有利になるため、多くの人が小規模な自営業から、大企業での賃労働へとシフトするのである。

　また、賃金（インフレを考慮した実質賃金）が高いと、賃労働のほうが自営よりも収入が多くなる。すなわち、個人でビジネスを経営する機会費用が増大するため、賃金が低い場合に比べ多くが被雇用者になる。

　機会費用（opportunity cost）とは、同じお金や労働をある方法で利用して得られる利得と、他の方法で利用して得られたであろう利得を比べた場合に、想定される差異から失う利得の大きさをあらわす概念である。

　失業率が高い場合、あるいは失業率が上昇している期間には、他の国や別の期間に比べて、ビジネスを始める自営業者の割合が増える傾向がみられる。豊かな国で自営業者が減るのとは逆に、失業状態から自営業者になることで失うもの、つまり機会費用が少ないからである。

❖ 歴史的経緯とエスニック集団

　ホスト社会の当たり前の前提に立てず、制約を課されるエスニック集団は、こうしたメカニズムの例外となり、豊かな社会においても失業率が高く、低賃金の状況に置かれる傾向にある。

　在日コリアンのオールドカマーは、歴史的経緯の中でエスニック集団として制約を課され、多くが労働者から自営業者となり、雇用、収入を確保してきた。活況を呈していた長田地区のケミカルシューズ製造業で成功した人々は、自社工場ビルを建て、他に様々な副業を展開することが多かった。工場ビルの一部、または自社で使用しないスペースを他のメーカーに貸して、賃料も得た。自社ビルは成功の証しであり、他方で賃料を得たり、副業を始めたりするのは、不安定な業界で少しでも安定収入を確保するためであった。

　市場は常に変化し、産業はライフサイクルをともなうため、活況はいつまでも続くわけではない。長田地区のケミカルシューズ製造業も、労働コストの安価な新興アジア諸国からの輸入品との間で激化する競争に直面し、業界は縮退傾向を示した。阪神・淡路大震災はそれに追い打ちをかけた。

　しかし、多くの在日コリアンは、産業のライフサイクルの推移を敏感に察知し、エスニック集団内の情報蓄積を活用して次なるビジネスに転業していく中でも、アントレプレナーシップを発揮した。たとえば現在のパチンコ産業には、こうした転業の流れで多くの在日コリアンが参入している。

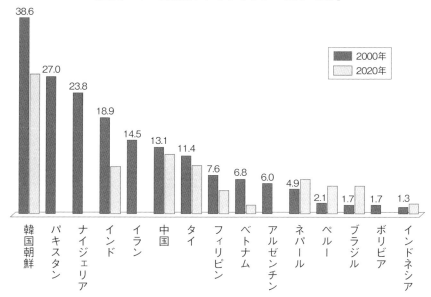

【図13－4　国籍別アントレプレナー比率（％）】

注：集計結果の公開範囲が変更されているため、国籍により2020年データに欠損値がある。
　　図中に表示のない2020年の比率（％）は、韓国 朝鮮27.5、インド9.3、中国11.7、タ
　　イ9.5、フィリピン4.6、ベトナム1.7、ネパール6.8、ペルー5.5、ブラジル5.5、インド
　　ネシア2.0。
出所：政府統計の総合窓口（e-Stat）（https://www.e-stat.go.jp/）「平成12（2000）年
　　国勢調査　外国人に関する特別集計結果」、「令和2（2020）年　国勢調査　就業状態
　　等基本集計」
　　樋口［2012］p.7 図序－1を参考に著者作成

　養豚などの後、パチンコホール事業や消費者金融などで財を成し、子供には絶対
に商売人になるなと言い続けた父のもと、16歳で単身渡米し、帰国後、IT、情報
通信分野を中核に事業展開する世界的企業家となったのが孫正義代表である。

　このように、社会経済環境の変化、世代交代による事業転換、資本蓄積等によっ
て、エスニック集団の位置づけは常に変容していく。日本では、1980年代以降に
就職における制約が緩和され、マジョリティと棲み分けた親の生業の跡継ぎだけで
なく、より自由に職業選択ができるようになり、在日コリアンもより広範な職業に
就くようになっている。在日コリアンの典型的なエスニック・ビジネスが縮小傾向
にあると指摘されるのは、こうした社会関係の変容を映しているものと考えられる。

第13章

6 おわりに

　ホスト社会で生きるエスニック集団には、マジョリティと同じ前提が許されない。この制約は、マイノリティであるエスニック集団が事業を生み出す動機となり、そのエネルギーの源となっている。

　ただし、移住の経緯やネットワークの構築状況、事業機会の探索、資源獲得の可能性はエスニック集団ごとに異なっている。また、変容していく社会関係によっても、自営業比率や事業創造のあり方は影響を受ける。

　マイノリティとして、ホスト社会で生きるという目的や信念を携え、制約を受け入れながらも、それを逆手にとって社会関係を構築しつつ事業を展開する。こうした経済的棲み分けの模索が、エスニック・アントレプレナーシップの原点となっている。

❓考えてみよう

1．海外では、Sushi restaurantのような日本食レストランがよく見られます。どんな人が経営し、働いているのか。実際に出されるメニューがどのようなものかを調べて、なぜそうなのかを考えてみてください。
2．ユダヤ人企業家を1人取り上げ、その生い立ちとエスニック・アントレプレナーシップとの関係について考えてみてください。
3．日本の在留外国人の調査データを確認するとともに、在留資格がなぜ設定されているのかについて考えてみてください。

参考文献

スコット・A・シェーン（谷口功一、中野剛志、柴山桂太訳）『起業という幻想』白水社、2010年
樋口直人『日本のエスニック・ビジネス』世界思想社、2012年
山下清海『現代のエスニック社会を探る―理論からフィールドへ』学文社、2011年

次に読んで欲しい本

韓載香『「在日企業」の産業経済史』名古屋大学出版会、2010年

第 **14**章

グローバル・
アントレプレナーシップ
—アントレプレナーはいかにして
グローバル化するのか?

第14章

1　はじめに

　これまで、企業の海外展開は「(国内で) 学習→経験やノウハウの蓄積→間接輸出→直接輸出→現地販売会社設立→現地生産→R&D活動の移転」といったプロセスを経て行われる (ステージ・モデル)、と論じられてきたが、近年、創業時あるいは創業間もない時期から事業の国際化 (グローバル化) を図る企業が注目されている。

　海外事業の経験や十分な資源を持たない企業 (とりわけベンチャーや中小企業) の急速な海外展開の背景として、グローバル化の進行やインターネットの普及をもたらしたICT (情報通信技術) の進展、国際ロジスティクスの発展などの要因が指摘されている。

　しかし、このような企業の外的要因以上に重要なのは、グローバル・アントレプレナーシップの旺盛な企業家 (経営者) の存在である。海外における機会の発掘とリスクを恐れない積極的なチャレンジにより、企業能力の限界を超えた革新を実現する企業家のアントレプレナーシップが早急な国際化の駆動力となっている。

　本章では、事業の国際化に必要な経営資源が乏しい企業がなぜ急速な海外展開ができるのかについて、企業家のグローバル・アントレプレナーシップの観点から解説する。

2　GIANT (巨大機械工業)：無名のOEM自転車メーカーから世界の高級自転車界のキング・メーカーへ

　世界の自転車界で「巨人」と呼ばれる企業がある。台湾の自転車メーカー、「ジャイアント」(GIANT、巨大機械工業) である。創業者の劉金標 (英語名King Lu、2016年に引退) が「会社を大きく成長させたい」という思いから、社名を「巨大」とし、英語名をGIANTとした。創業 (1972年) 当時は従業員30数名の零細企業に過ぎなかったが、現在はスポーツ自転車の世界最大手に成長し、まさに社名通りのGIANT (巨人) となった。

　ジャイアントは、アメリカ最大の老舗自転車メーカー、シュウィン (Schwinn Bicycle) からのOEM注文獲得 (1977年) に成功し、創業10年で安定的な経営

基盤を確立する。生産量が35万台に達した1979年、大型ストライキ発生に見舞われたシュウィンはアメリカ国内の工場を閉鎖、生産を完全にジャイアントに移管する。シュウィンの生産を賄うようになったことにより、ジャイアントは1980年に台湾最大の自転車メーカーとなり、ブリヂストンタイヤ（日本）に次ぎ、アジア第2位の規模に成長した。

　しかし、生産コストの削減を模索していたシュウィンが突如OEM先を香港の自転車メーカーに切り替えてしまい、ジャイアントは創業以来の最大危機に直面する。「シュウィンからの取引中止の知らせはたった1枚のファクスだった。目の前が真っ暗になった」と、後に劉金標は語っている。生産量の75％（1983年）をシュウィンからのOEM注文に依存していたからである。シュウィンも販売の70％をメード・イン・ジャイアントに頼っていたほど、両社の深い相互依存関係を基盤としていたジャイアントのビジネス・モデルは根底から崩れてしまう。

　生産量の75％を占めていたシュウィンからの受注を失ったことで、倒産の危機に直面した創業者の劉董事長は周囲が「あっと驚く」行動に出る。立ち上げたばかりの自社ブランドで海外市場に進出する、と宣言したのである。しかもその海外進出はきわめて速いスピードで進められ、「全面展開」的なものであった。

　まず、1986年にオランダに現地法人ジャイアント・ヨーロッパ本部（GIANT Europe BV）の設立を皮切りに、翌年にアメリカ、1988年にはジャイアント・ヨーロッパ本部（オランダ）の傘下にドイツ・イギリス・フランス・ポーランドの支社を設立、1989年に日本、1991年にオーストラリア・カナダ、1992年には中国に現地法人を設立していった。まさに一気呵成の海外進出であった。現在、台湾・中国・オランダの3つの製造拠点（9つの製造工場）、1つの電動自転車工場、3つの材料工場と、世界80ヵ国に1万2,000店舗（うち直営店は1,000軒）の販売網を構築している。

　海外進出の経験を持たない新興ブランドの台湾企業にとって、「あらゆる面で高い要求が求められるマーケット」であり、名門企業がひしめく高級自転車の本場である欧州地域への進出は、無謀で、極めて大きなリスクを伴う意思決定であった。しかしその後、自転車スポーツ大会の世界最高峰のロードレース、「ツール・ド・フランス」の一流チーム（cf., スペインのオンセ）に競技機材を供給するスポンサーとして参戦し、賛助チームが多くの賞を獲得したことで存在感を高め、ジャイアントは世界トップ・ブランドの座を占めるようになっていった。現在、ジャイアントは世界最大の高級自転車メーカーである。

第14章

【写真14 - 1　GIANT本社（台湾）】

出所：筆者撮影（2023年11月）

3 企業の国際化プロセス
（Internationalization Process）

❖ ステージ・モデル

　開発、調達、生産、販売といった事業活動が国境を越えて展開されていくことが、企業（製造業）の国際化である。企業はさらなる成長のために新たな海外市場を求めて国際化を推進していく。

　その企業の国際化は、典型的に次のような順序で進められていく。起業してから一定期間、国内での事業活動後、輸出や技術供与の段階を経て、最終的に海外への直接投資（現地生産、現地でのR&D活動など）を展開する、というプロセスである。企業は時間的な順序を辿って段階的・漸進的に国際化を推進していく、と説明するヨハンソン（Jan Johanson）とヴァールン（Jan-Erik Vahlne）の「ウプサラ（Uppsala）モデル」は、その代表的な研究である。

　企業の国際化がさらに進むと、世界を１つの単位とした事業活動を展開するグローバル型になっていく。世界中に生産拠点や開発拠点を設け、資源・資本の調達市場も販売市場もグローバル化していく。輸出を戦後における国際化の柱としてきた日本企業は、90年代以降、急速にグローバル化を進めてきている。

❖ ボーン・グローバル企業（BGC；Born Global Company）

　企業の国際化は、国内での事業展開を踏まえ、時間的な順序を辿って海外直接投資という最終段階に向かう、というのがこれまでの伝統的な国際経営論の見方であった。しかし近年、国内での事業展開もなされず、ほぼ創業と同時にすぐさま海外市場に参入する企業が多く出現している。このような企業はボーン・グローバル・カンパニー（BGC）、つまり「生まれながらのグローバル企業」と呼ばれ、これまでの国際化プロセス理論では説明できない現象として注目されている。

　ボーン・グローバル現象を初めて明示的に取り上げたのは、世界的な大手コンサルティング会社、マッキンゼー（Mckinsey & Company）である。マッキンゼーがオーストリア製造協議会に提出した報告書（1993年）の中で、オーストラリアの高付加価値製品の製造・輸出する中小規模の新興企業を調査分析し、その４分の１の企業を「ボーン・グローバル・カンパニー」と名付けた。これらの新しい形態の企業は創業時から（あるいは創業間もない時期から）、世界を１つの大きな市場と捉えた事業展開を行っていたことが報告されている。一般的に、創業間もない企業は経験やノウハウ、その他の経営資源が乏しい。とりわけ中小規模の創業間もない企業が、しかも急速に国際事業を展開できるということは、ステージ・モデル（ウプサラ・モデル）の理論では説明できない現象なのである。

❖ ボーン・アゲイン・グローバル企業
（BaGC；Born-again Global Company）

　企業の国際化のもう１つのパターンとして、ボーン・アゲイン・グローバル企業（BaGC）がある。長期間にわたって国内で事業活動をしてきた企業が急速に海外展開を開始した企業のことをいう。買収や提携、事業転換（多角化）といった特定のインシデントをきっかけに、突然ある時点から海外展開を行う企業である。

　事業開始（創業）から国際化に至るまでの期間に関しては、「生まれながらのグローバル企業」（BGC：早期国際化）と、長年の国内事業から「生まれ変わったグローバル企業」（BaGC：遅い国際化）という違いがあるが、国際化スピードが急

速で、かつ集中的であるという共通点が指摘される。

　それでは、本章の中心事例であるジャイアントの国際化は、上記の３つのパターン（ステージ・モデル、BGC、BaGC）のうち、どれに該当するのだろうか。

　ジャイアントは、創業（1972年）５年間はほとんど顧客がいなかったといわれるが、1977年にアメリカ企業（シュウィン）からのOEM受託に成功し、国際事業を開始した。厳密には「生まれながら」の国際展開ではないが、「創業時もしくは創業２、３年以内に国際事業を開始する」BGCの定義に近い。一方、ジャイアントの国際化プロセスは、国内でのOEM生産期（1977年～85年）を経て展開されたので、国内事業の経験を有するという点ではBaGC的な側面も持ち合わせている。

　強調すべき重要な特徴は、ジャイアントが国際展開に欠かせない経営資源（国際人材や現地の提携先など）が確保されていない状態で急速かつ集中的に国際化を展開した点である。オランダ現地法人の設立（1986年）を皮切りに、わずか２年間でドイツ・イギリス・フランス・ポーランドへと、一気呵成にグローバル化を展開している。海外進出の経験がなく、しかもヨーロッパ現地企業に比べてブランド力や品質レベルの面で遙かに劣るジャイアントがグローバル化に成功した理由は何か。また、現地企業と競争できたのはなぜだろうか。

　本章では、企業の国際化プロセスに経営者（企業家）のアントレプレナーシップが深く介在していることに注目したい。それは、BGCやBaGCを生み出すキーファクターが企業家のアントレプレナーシップと、そこから派生する意思決定及び行動様式が深くかかわっているからである。海外市場における機会を発見し、その機会の実現に向けて革新的・能動的に行動する「グローバル・アントレプレナーシップ」の発露こそ、希少な資源しか持たないBGCやBaGCの急速な国際化を牽引する駆動力なのである。

　以下の節において、ジャイアントのスピーディな国際化プロセス展開を企業家（劉金標）のグローバル・アントレプレナーシップがどのように牽引したのかについて説明しよう。

4 企業家の意思決定プロセス

　経営学における標準的な意思決定モデルによれば、人間は問題の解決案について

【図14−1　標準的な意思決定プロセス：「満足化モデル」】

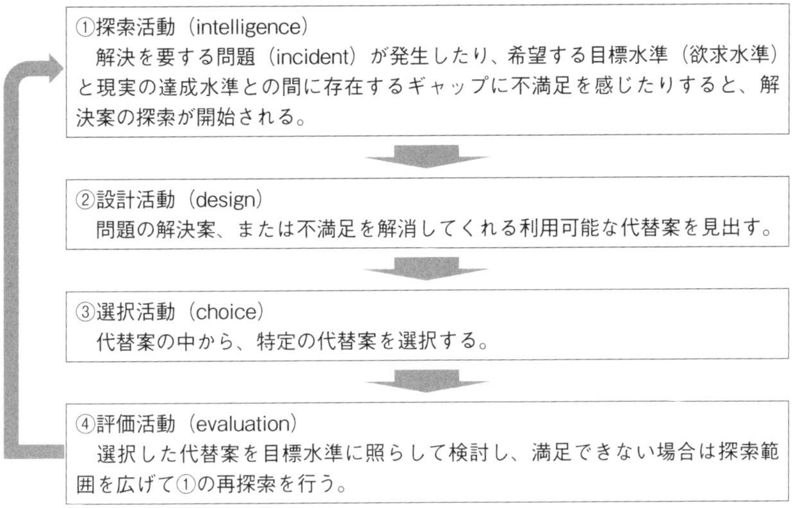

①探索活動（intelligence）
　解決を要する問題（incident）が発生したり、希望する目標水準（欲求水準）と現実の達成水準との間に存在するギャップに不満足を感じたりすると、解決案の探索が開始される。

②設計活動（design）
　問題の解決案、または不満足を解消してくれる利用可能な代替案を見出す。

③選択活動（choice）
　代替案の中から、特定の代替案を選択する。

④評価活動（evaluation）
　選択した代替案を目標水準に照らして検討し、満足できない場合は探索範囲を広げて①の再探索を行う。

出所：ハーバート・A. サイモン（稲葉元吉・倉井武夫共訳）『意思決定の科学』産業能率大学、1979年（第2章）をもとに作成

の完全な情報を持たないため、選択可能なすべての代替案を知ることはできない。現実の意思決定者は、せいぜい主観的に認知できる特定の状況の中でのみ合理的でありうる。このような「限定合理性」のもと、人間の意思決定は、次の4つの局面からなるプロセスで展開される。

　人間は、解決を要する問題が発生したり、現状に対して不満足を感じたりすると、問題の解決案または不満足の解消案を探索しはじめる。その探索活動は、まず近傍からはじめられるが、人間は「限定された合理性」しか持たない（つまり認知能力に限界がある）ため、欲求水準を満たす代案（最適代替案）を追求するよりも、満足水準に達する代案（満足代替案）が目標となる。選択した代替案が満足水準に満たない場合、探索範囲を広げて再探索が行われる。もし再探索によってもギャップが縮まらないときは、満足水準を引き下げることで不満足の解消が図られる。これが意思決定の「満足化モデル」の要旨である。

　これに対して、企業家（アントレプレナー）が行う意思決定には、次のような特徴が見られる。まず、代案の探索は、近傍からではなく、遠い所ではじめられることが多い。ここでの「遠い所」という表現は、必ずしも物理的距離を意味しない。問題発生に対する解決案の模索が「探索→選択→評価→再探索」といった首尾一貫

第14章

した連続的（linear）・漸進的なプロセスを辿るのではなく、現状に大きな変化を
もたらす「ラディカルな代案」が選択される傾向がある、という意味である。

　企業家や革新的な経営者が「満足化モデル」に沿った意思決定を行うとしたら、
現況に大きな変化をもたらすイノベーションを創出したり、企業の将来を方向転換
させたりするような戦略的な意思決定は、おそらく望めないだろう。満足水準を満
たす代案では、イノベーションを生み出すことはできない。イノベーションは、リ
スクをいとわず、新奇でラディカルな意思決定によって生み出される。現状に大き
な変化（変革）を引き起こすことから、このような意思決定を「変革型意思決定」
ともいう。

　アントレプレナーシップを発揮する企業家像について、ナイト（F. Knight）は、
企業家は「計測不可能な不確実性への対応」を利潤の源泉とする存在である、と指
摘している。また、目標達成に最適な手段が不明瞭であり、選択結果の不確実性が
高い状況下において、アントレプレナーは因果性（合理性）を追求するのではなく、
思い切ったアクション（変革型意思決定）を優先する傾向がある、とも述べている。
企業家とは、思い切ったアクションによって現状に変革をもたらす存在なのである。

　シュウィンから大量のOEM発注（生産量の75％）を確保して安定的に成長軌道
に乗っていたジャイアントだったが、シュウィンがOEM発注先をある日突如香港
のメーカーに切り替えてしまい、ジャイアントは倒産の危機に直面する。その創業
以来の最大危機時に劉金標が取った行動は、周囲をあっと驚かすようなものであっ
た。それは、新たなOEM先の開拓でもなければ、身近な国内市場やアジア地域へ
の進出でもなかった。ジャイアントの生殺与奪権を握っているシュウィンから何と
かOEMの再受注を引き出そうと訴求するような行動に出たわけでもなかったので
ある。

　劉金標は、認知度ゼロの自社ブランドを引っ提げて、自転車に対する消費者の目
が高く、名門企業がひしめくヨーロッパ市場への進出を選択したのである。シュ
ウィンからの受注を失った劉金標は「決死の覚悟」でヨーロッパ進出に着手し、一
番厳しい消費者がいる地域として知られるオランダ（1986年）を皮切りに、アメ
リカ（1987年）、ドイツ・イギリス・フランス（1988年）、日本（1989年）、
オーストラリアとカナダ（1991年）へと、相当なスピードで海外現地会社を設立
していった。当時のジャイアントの実力からは、じつに無謀な、ラディカルな決断
だったのである。

　ヨーロッパへの進出という劉金標の決断は、「満足化モデル」に沿った意思決定

ツール・ド・フランス（Tour de France）とGIANT

　オリンピックとワールドカップ（サッカー）の次に観戦者が多いとされる自転車ロードレース、「ツール・ド・フランス」。フランス国内3,500kmを23日かけて走破するツール・ド・フランスで優勝した選手たちが乗る自転車は、当然「名車」として注目される。世界的な自転車メーカーがスポンサーとなって、自社の自転車を使用する選手たちをサポートする。自転車メーカーにとっては自社製品のマーケティング（ブランド向上）を展開できる重要な舞台でもある。レースにおける成績は、消費者に対して自転車性能のアピールだけではなく、ブランドの露出の面で非常に強力な効果をもつ。カーボンファイバーの素材で造ったジャイアントの自転車を乗った選手がツール・ド・フランスで優勝したことにより、同社のブランド「GIANT」を一躍有名にした。

【写真14-2　GIANT（Tour De France）】

出所：Shutterstockより

第14章

　ではない。生産量の75％を占めていたOEM受注の突如の消失という深刻な問題の解決にあたり、近傍からの探索→選択→評価→再探索といったルーチンのプロセスを辿ったのではなく、もっともエントリー（市場参入）の厳しいヨーロッパ地域への進出という、極めてラディカルで、ハイ・リスキーな意思決定を行ったのである。リスクをいとわず、思い切ったアクションを遂行していくアントレプレナーの典型

的な意思決定パターンと言えよう。

　1988年以降は、世界最高の権威を誇る自転車のロードレース「ツール・ド・フランス」（Tour de France）のレースチームへの機材提供の協賛にも挑戦、ジャイアントの協賛チームが多くの賞を獲得する。そのことが現地マスコミに大きく報道され、ヨーロッパにおける同社のブランド・イメージを飛躍的に高めることにつながった。自転車メーカーにとってブランド構築にもっとも高い波及効果をもたらすツール・ド・フランスでの快挙であった。ジャイアントはOEM生産専門の企業から世界的なブランドを誇るOBM（Original Brand Manufacturer）への転換を成し遂げたのである。

5 アントレプレナーシップと「合理性の罠」

　前節で、人間は「限定された合理性」しか持たないことについて言及した。人間は、認知能力の限界により、世の中の動きすべてを知ることはできない。われわれは、合理的に判断しようとするものの、それはあくまでも限られた知識のもとで行われるものである。

　この認知能力の限界から、加護野忠男は、合理性には「判断の段階での合理性」（事前合理性）と「結果としての合理性」（事後合理性）の2種類があると指摘している。加護野によれば、大きな成功を手にするには理屈が成り立たない（つまり事前合理性の無い）ことをあえて選択する必要がある、という。それは、事前に理屈が成り立つことは皆（競争相手）もするので、仮にうまく行ったとしても得られる成果が小さくなるからである。また、その段階での知識をもとにした判断なので、ビジネス世界の変化の激しさを考えると、成功より失敗のケースが多いことも私たちは知っている。

　一方、事前合理性に欠けた、誰もが失敗するだろうと思われることにあえて挑戦してイノベーションを生み出せれば、大きな成功につながる。事前合理性のないことにあえて挑戦して大きな成功を手にした事例は多い。例えば、韓国の三星電子の半導体事業はその代表的な成功例と言えよう（Column14‐2参照）。

　「アントレプレナーはいかにしてグローバル化するか」を考えるとき、ホンダ（本田技研工業）の海外進出は示唆に富む好例である。日本企業の中でも早くから海外進出を行ったホンダは、当時（1959年）、2輪車の海外進出を決める際、地

理的に日本から近く、ヨーロッパからの小型バイクやモペットがすでに使われている東南アジアがもっとも有望と想定されていた。アメリカの場合は、オートバイ市場規模が年間６万台しかなく、そのほとんどは500cc以上の大型モデル（ハーレー・ダビッドソン）ばかり。しかもオートバイは「ブラック・ジャケット」のアウト・ロー（暴走族）が乗り回す乗り物と認知されていたので、アメリカ進出は無茶なチャレンジであった。

　事前合理性の観点から考えると、まだ市場が形成されておらず、オートバイに対する社会的なイメージがネガティブなアメリカより、東南アジアのほうが有望だったにもかかわらず、ホンダが最初の海外進出先として選んだのは、アメリカだったのである。当時、創業者の本田宗一郎と二人三脚でホンダの経営を率いていた藤沢武夫は、アメリカを進出先として決めた理由について、次のように述べている。

　　　アメリカでチャレンジすることは、われわれにとって一番難しいことかも知れないけれども、（略）資本主義の牙城・世界経済の中心であるアメリカで成功すれば、これは（小型バイク）世界に広がる。(https://global.honda/jp)

　ホンダのアメリカ進出の実現は、事前合理性の乏しいことに果敢にチャレンジした本田と藤澤のアントレプレナーシップの発揮によるものに他ならない。

　イトーヨーカ堂（セブン - イレブン）によって始められたコンビニエンス（以下、コンビニ）事業も、その開始時には「理にかなっていない事業」として、周囲から強い反対を受けたケースの１つである。当時（1970年代）の国内流通業界は大型チェーンストアの全盛期で、大量仕入れ・大量販売の時代であった。コンビニの狭いスペースの店舗では商売にならない、というのが当時の常識だったのである。

　日本でのコンビニ事業展開にほとんどの人は懐疑的だったが、後に「コンビニを作りあげた男」「コンビニの父」とも称されるようになる鈴木敏文は、「失敗時には自分が保有するイトーヨーカ堂の株式で穴埋めする」ことを条件にイトーヨーカ堂のオーナー（伊藤雅俊）の了解を取り付けたという。理屈が立たないと思われていたコンビニ事業に同業他社が本格的に参入するのを躊躇している間に、アメリカ発のノウハウ導入を契機としてセブン - イレブンは成功を独り占めできたのである。その後の歴史が語るように、必要なものをいつでも（24時間営業）どこでも購入できるという利便性が人々に支持され、第１号店「セブン - イレブン豊洲店」がオープンした1974年５月15日以来、現在（2023年３月）の業界全体の店舗数は

第14章

約5万8,095店にも上っている。全国に散在しているコンビニは、社会的なインフラとしても重要な機能を果たしているが、いまでは海外にも多くが進出している。

　ジャイアントのヨーロッパ進出は、ほとんど「事前合理性」のない決断であった。海外展開に必要な資源（国際人材、提携先の確保、現地の販路、資金など）と経験を持たないOEM専門だった中小企業が、高級自転車の名門企業がひしめき、競争の厳しいヨーロッパ市場への参入は、極めてリスクが高く、無謀そのものだったと言わなければならない。そのリスクについて、劉金標は次のように述べている。

　　（略）オランダに工場を構えるということについては、リスクが高いとよく言われます。私たち自身もそのリスクのことは十分承知しています。しかし、オランダに工場を構えることによって、ヨーロッパのマーケットに迅速に供給できるだけでなく、マーケットの変化に直ちに対応することができると考え、私たちはあえて挑戦してみたのです。

　　　　　　　　　　　　　　　　　　　（『日本台湾学会報』第19号、2017年10月）

　しかしジャイアントにとって、自分たちのオリジナル・ブランドを立ち上げることが脱OEMを図るカギであり、そのブランドを確立するうえでもっとも大きな波及効果が期待できるのが、高級自転車の本場、ヨーロッパ地域だったのである。独自のオリジナル・ブランドの確立、それが劉金標にとっての「事後合理性」であった。中小企業のジャイアントからすると、ヨーロッパ進出の失敗は即倒産につながりかねないリスキーな意思決定だったが、劉金標は大きなリスクに挑戦し、独自のオリジナル・ブランド確立というイノベーションを生み出すことに成功した。ジャイアントの国際化プロセスは、企業家・劉金標のアントレプレナーシップ抜きでは語れない。

6　おわりに

　本章では、国際事業の経験や経営資源の乏しい中小企業が、なぜハイスピーディーに国際化できるのかについて、台湾の自転車メーカー、GIANTの事例を取り上げ、企業家のグローバル・アントレプレナーシップの観点から説明を行った。
　ボーン・グローバル企業（BGC）やボーン・アゲイン・グローバル企業（BaGC）

Column14-2

三星電子の半導体事業

　三星電子は、韓国の最大財閥、三星グループの中核企業である。同社が今日のようなグローバル企業へ躍進できたのは、半導体事業（DRAM）の成功によるものである。同社が後発者として半導体産業に参入したのは1983年。当時は日本企業が世界の半導体市場をほぼ独占し、圧倒的な競争力を誇っていた。

　当時の三星電子は、自社技術ではテレビ製造すらできないような状況だったので最先端技術が要求される半導体事業への進出は時期尚早であり、何よりも投資リスクが極めて大きいということを理由に、社内の経営陣のみならず創業者（李秉喆）からも強く反対された。事前合理性などほぼゼロに近い状況だった。事業の認許可権を握っていた韓国政府からは「（リスキーな半導体事業に注ぎ込む資金があるなら）靴工場でも作って外貨獲得をせよ」といった圧力がかかった」という。しかし２代目オーナー経営者の李健熙には、将来、電子産業をはじめ航空機・自動車などの事業を展開していくうえで「産業のコメである半導体を内製できなければ生き残れない」という強い危機感があった。

　結局、李健熙は経営陣や先代の反対を押し切り、私財を投じて半導体事業の参入に踏み切り、その後わずか20年足らずで圧倒的な技術格差のあった日本企業に追いつき、ついに追い越したのである。1993年、三星電子はメモリ（DRAM）分野で世界トップとなり、以後もトップシェアを守り続けている。当初、同社の半導体産業への進出を日本企業は「取るに足らない」としか評価しなかったが、その「取るに足らない」相手にやがて世界の半導体市場を明け渡すことになっていく。後に「半導体神話」と呼ばれるようになる日韓半導体産業の「逆転劇」は李健熙のアントレプレナーシップによって実現されたイノベーションにほかならない。

　大きな成功は事前合理性を重視する意思決定からは得られない。とりわけ環境（例えば、技術進歩）変化の激しい分野においては、事前合理性にこだわり過ぎると、必要な投資のタイミングを失う危険性がある。事前合理性を慎重に探るよりも、リスクをかけてもライバルに先行して意思決定を行い、後から合理性を追求していくことが求められる。

第14章

の出現は、グローバル化の進行やICT革新、国際ロジスティックスの発展といった環境変化が触媒要因として指摘されることが多い。しかし、本文とColumnの事例から、新しい事業機会の発掘とその事業展開に伴うリスクに果敢にチャレンジする

企業家のアントレプレナーシップが海外進出時に発揮されることによって企業の早急な国際化が実現される、ということをおわかりいただけたのではないだろうか。

　国際経営論の分野でBGC・BaGCの存在が最近注目されるようになったが、例えばホンダや三星電子などの事例から考えると、早期の国際化を実現した企業はじつは半世紀以上も前にも出現していたと考えたほうがいい。ある意味、企業家のアントレプレナーシップの重要性を国際経営分野の研究者は見落としていたとも言える。いずれにせよ、国際化のスピードに関するイシューだけではなく、企業の国際化（グローバル化）の現象をアントレプレナーシップの観点から捉えなおすことによって新たな発見が期待できそうだ。

❓考えてみよう

1．アントレプレナーシップを発揮して事業の国際化に成功した日本企業のケースを取り上げ、そのアントレプレナーの意思決定パターンの特徴について考えてみよう。
2．BGCまたはBaGCに該当する日本企業のケースを調べ、企業家のアントレプレナーシップが企業の国際化にどう影響していたのかについて考えてみよう。
3．日本には世界的な競争力を持つ自転車メーカーが生まれていない。その理由は何かについて考えてみよう。

参考文献

朝元照雄「ジャイアント（巨大機械工業）」『台湾企業の発展戦略（第3章）』勁草書房、2016年
中村久人『ボーングロバール企業の経営理論：新しい国際的ベンチャー・中小企業の出現』八千代出版、2013年
野嶋剛『銀輪の巨人』東洋経済新報社、2012年

次に読んで欲しい本

野中都次郎『本田宗一郎：夢を追い続けた知的バーバリアン』PHP、2017年
鈴木敏文『わがセブン秘録』プレジデント社、2016年

第 **15** 章

アントレプレナーシップと
エコシステム
―なぜシリコンバレーはアントレプレナーを
輩出し続けるのか?

第1章
第2章
第3章
第4章
第5章
第6章
第7章
第8章
第9章
第10章
第11章
第12章
第13章
第14章
第15章

1　はじめに

「起業すること」は世界中で盛んだが、その会社が小規模のままにとどまるか、短期間でグローバルレベルのベンチャーに成長するのかは、起業した地域によって大きく左右されているようだ。急成長ベンチャーを生み出す地域としてはアメリカのシリコンバレーが知られているが、なぜシリコンバレーでは、Googleやメタ・プラットフォームズ（以下メタ、創業時を指す場合はフェイスブックと表記）、テスラのような企業が次々に現れてくるのだろうか？

　もともとヒト・モノ・カネに乏しいベンチャーが成長するためには外部の資源をうまく活用することが重要となる。たとえば、都市部と地方部で人材採用や集客のための苦労が大きく異なるように、ベンチャーは置かれている外部環境（地域）によって活用できる外部資源の質と量が大きく異なってくる。

　シリコンバレーは、半導体、コンピューターやバイオ、インターネットの分野で、一貫して世界をリードし続けてきた。日本の半導体企業の競争が高かった1980年代は、日本とのコスト競争に負けて苦境に陥ったものの、後にソフトウェアおよびインターネット関連のベンチャーが次々に創業し、地域経済を活性化させ、再び世界をリードするに至っている。本章ではこのシリコンバレーが持つ、アントレプレナー（企業家）と急成長企業を生み出す環境に焦点を当ててみることにしよう。

2　事例：シリコンバレーとメタ

❖ シリコンバレーの概要

　シリコンバレーとは公式の地名ではない。一般的にはスタンフォード大学近くのパロアルトを中心に、北はサンフランシスコの一部を含み、南はサンタクララ郡のサンノゼ付近までの丘陵地帯と湾の間にある平坦な地域をおおまかに指す地名である。

　シリコンバレーは、大学発ベンチャーのヒューレット・パッカードに始まり、シリコントランジスタや集積回路の開発、生産による産業成長を経て、パーソナルコ

【図15−1　シリコンバレーの地図】

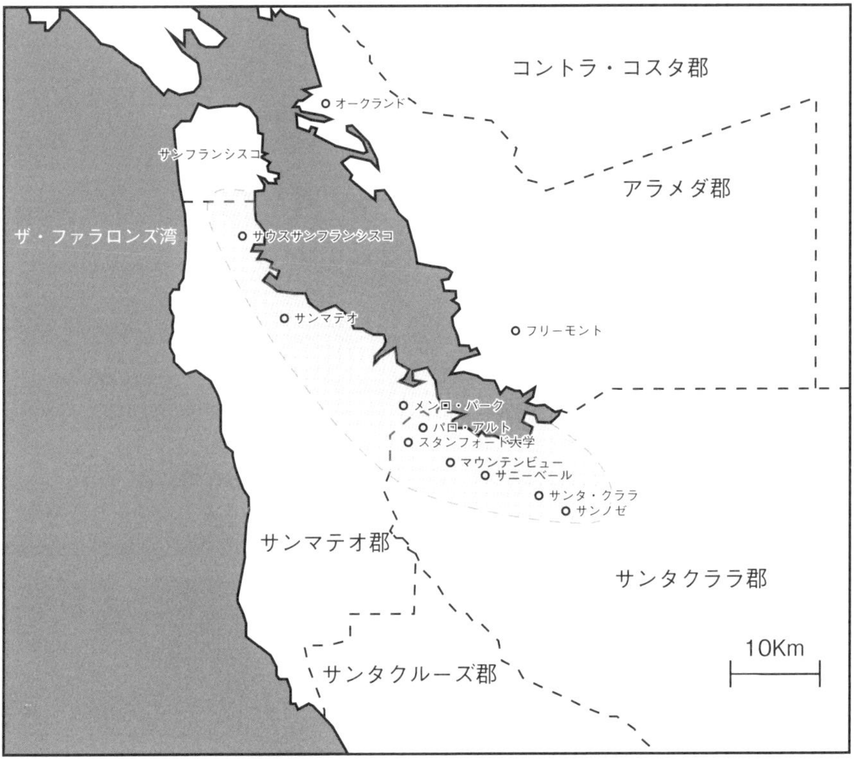

出所：著者作成

ンピューター、コンピューターソフトウェア、インターネットと中核となる産業が大きく移り変わってきた。東西冷戦下の1950年代の防衛産業はミサイルや宇宙開発のためコンピューターを必要とし、その膨大な予算がシリコンバレーの企業に注ぎ込まれた。その後、1971年にインテルによって世界最初のマイクロプロセッサが開発され、大型コンピューター中心の時代から、個人でコンピューターを所有するパソコンの時代が幕を開けた。

　1990年代初頭には、インターネットが急激に発展する兆しを見せ始め、人のコミュニケーションにおける歴史上類を見ない大きな変革とそれに伴うビジネスチャンスが訪れることになった。ここに至って、シリコンバレーの産業は、ハードウェアからソフトウェアに大きく変化していくこととなる。しかし、シリコンバレーは今もハードウェアの開発・設計を担う企業が多く立地し、テスラモーターズのよう

第15章

217

【図15 - 2　シリコンバレーの中核的産業の変遷とシンボル的会社の起業】

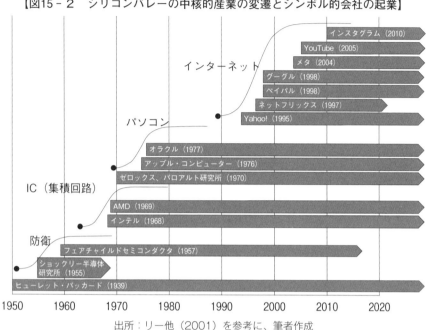

出所：リー他（2001）を参考に、筆者作成

な電気自動車のトップメーカーも2021年まで本社を置き、現在も研究開発拠点を構え続けている。

　シリコンバレーに本拠を置くグローバル企業としては、アップル、インテル、エヌビディア、グーグル、メタ・プラットフォームズ、YouTube、ネットフリックスなどがある。60キロほど北にあるサンフランシスコには、ウーバー、Airbnb、Dropboxなどのユニコーン企業が立地している。いずれも元々はアントレプレナーに率いられたベンチャーである。iPhoneで有名なアップルは年間売上額3,943億ドル（2022年）、CPUの世界No.1であるインテルは630億ドル（2022年）、アルファベット（グーグル）は2,828億ドル（2022年）とそれぞれ極めて大きな規模に成長していることが特徴である。

❖ シリコンバレーで創業したメタ

　近年のシリコンバレーで特徴的な創業エピソードを持つのがメタである。メタは世界最大級のソーシャルネットワーキングサービス（SNS）を運営する企業で、現在はフェイスブック、インスタグラム、メッセンジャー、ワッツアップなどの

Column15－1

サッポロバレー

　シリコンバレーで、アップルの創業者がAppleⅠのプロトタイプを製作していたのとほぼ同じ時期にあたる1975年に、北海道大学工学部の青木研究室の卒論研究でインテルi8080を用いた自作パソコンが作られた。それをきっかけとして北海道マイクロコンピューター研究会が青木研究室に設立される。まだ大型コンピューターしかなかった時代に個人所有できるマイコンを作ろうと活動した、日本最初期のマイコンクラブの１つである。

　そこから４名の学生が在学中に起業した。後の株式会社ビー・ユー・ジーである。彼らはマイコンで業務用システムを開発する一方で、1982年にはソニーのパソコンであるSMC-70のBASICインタプリタの開発も担当した。その少し前には、同じ青木研究室の学生が株式会社ハドソンのアルバイトとして、シャープのパソコン向けにマイクロソフト製BASICのおよそ３倍の実行速度を持つHuBASICを開発し注目を浴びた。当時の札幌市にはいち早くマイコンに取り組む大学の研究室と学生技術者が数多くいたのである。

　しかし、その後のシリコンバレーと札幌の成長には大きな隔たりが生まれた。マイコン系企業として最大の売上を記録したのは任天堂のゲーム機にゲームソフトを供給したハドソンで、最高400億円（1993年）程であった。ビー・ユー・ジーは家庭用ISDNルーターで大ヒットを飛ばし、最高60億円前後の売上を上げていた。しかし、現在この二社とも他社に吸収されており、その他に目立つ規模のIT会社は少ない。

　これはシリコンバレーと日本の起業環境を考える上で重要な示唆をもたらしてくれる。日本には大きなリスクマネーを供給する投資家や、失敗した時にアントレプレナーを救う制度や文化がシリコンバレーに比べ少ない。そのためアントレプレナーはなるべくリスクを小さくし、大きな挑戦を避ける傾向がある。一方で、失敗した時のダメージが小さく、成功時に大きく報われるのはシリコンバレーであり、大きな挑戦をするアントレプレナーが多いのもまたシリコンバレーなのである。

第15章

サービスを展開している。2022年の決算で、売上額は1,166億ドル、当期純利益は232億ドルとなっている。従業員は2022年末で８万6,482名であり、2022年12月の上記の４つのサービスの月間アクティブユーザーはおよそ37.4億人である。

このメタがシリコンバレーで急成長を果たせたのはシリコンバレーがもつ独特の地域的優位性を活用できたからに他ならない。

　メタはフェイスブックとして東海岸のハーバード大学の寮で一緒だった友人を中心に設立されたベンチャーである。創業のきっかけは既存のSNSに不満を抱いた創業者が、理想とする大学生向けSNSを自作したことであった。その後、創業者であるマーク・ザッカーバーグは大学の夏期休暇中に、シリコンバレーで友人らと開発合宿を行ったことがシリコンバレーに居着くきっかけとなった。

　夏期休暇の３ヶ月の間にもフェイスブックのユーザーは増え続けた。その結果、サービスを維持するためのサーバーの運営資金を追加で確保しなくてはいけない状況に追い込まれた。創業者らは優れたプログラマーであったが、企業経営については知識も経験もなかったのである。しかし、シリコンバレーには優秀なアイディアと能力を持ったアントレプレナーを見つけ出し、大きな企業に育て上げてしまうエコシステム（生態系）が存在していた。そのエコシステムを最大限に利用するため創業者チームはハーバード大学には帰らず、シリコンバレーに残ってフェイスブックのためにフルタイムで働くことを選択したのである。

3　シリコンバレーとエコシステム（生態系）

❖ スタートアップ（創業初期のベンチャー）を育てるエコシステム

　近年、自社の持つ資源や能力のみに頼るのではなく、その企業を取り巻く取引先の企業や、大学、投資家、行政などの多様な要素からなるネットワーク全体を生態系とみなし、エコシステムと呼ぶことがある。

　シリコンバレーのエコシステムは、①アントレプレナー、②企業や政府の研究機関や大学、③ベンチャーキャピタルなどの投資家コミュニティ、④ビジネス・サービスのインフラ、⑤世界中からシリコンバレーに引きつけられてきた専門家たちの多様な人材の蓄積、⑥地域の政策、⑦開拓者精神と絶え間ない勤労の文化などの要素で構成されている。これらは自然の生態系と同じように、お互いに利用し合い、時には飲み込んだり飲み込まれたりしながら、大きな１つのエコシステムとして循環している。

　世界中の留学生を引きつけ、高度な技術系の人材を数多く生み出し続ける大学群

【図15-3　シリコンバレーのエコシステムの概念図】

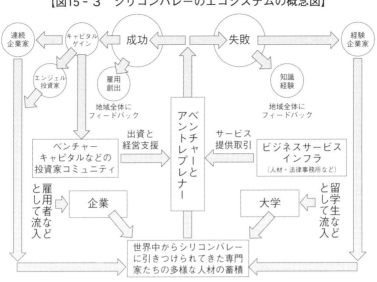

出所：ケニー他（2002）を参考に筆者作成

は若いアントレプレナーを生み出し、同時に利益を生み出そうとする投資家をも引きつける。アントレプレナーは自社の株を引き換えにベンチャーキャピタルなどの投資家から出資を引き出し、弁護士や人材採用サービスを活用してベンチャーを立ち上げ、運営してゆく。

　そのうち、わずかなアントレプレナーは大成功して、自身と投資家に大きな利益をもたらす。同様に、急成長するベンチャーはその地域の雇用を創出して、さらに多くの人々をその地域に引きつけることになる。一方で、大多数のアントレプレナーは失敗するが、結果として経験豊富な新たなアントレプレナーを数多く生み出し、地域のエコシステムに、次のベンチャー創出にとって重要な人材を供給する一因となる。この過程で生み出される失敗したアントレプレナーとその経験や知識はシリコンバレーの中でリサイクルされ、次のベンチャーを生み出す駆動力としてエコシステムの中を循環するのである。

❖ フェイスブックを取り巻くエコシステム

　フェイスブックの創業チームは、シリコンバレーに来る前に全米34校およそ10万人のユーザーを獲得していた。彼らは、夏期休暇が終われば全員が大学にもどり、

第15章

これまで通り大学の寮からフェイスブックを運営しようと考えていたが、ユーザー
は急激に増え続けていた。このことはフェイスブックが提供するサービスがとても
優れていることを意味していた。そのため、当初は月85ドルですんでいたインター
ネットサーバーの運営経費は、シリコンバレーに移ってからわずか数週間で、学費
のための貯金である２万ドルを取り崩さなくてはならないほど増加していた。

　もしフェイスブックを利用者にとって快適なサービスとして維持しようとするな
らば、エンジェル投資家やベンチャーキャピタルと交渉して、設備投資のための資
金を調達しなくてはいけない上に、正式に会社を設立する必要があった。もちろん、
これらの経験や知識は創業チームには全くなかった。

　売上もほぼゼロに近く、社会経験も何もない大学生１年生による創業チームであ
るにも関わらず、フェイスブックが資金を必要としているとの噂を聞きつけて、多
くの人々が投資や買収の可能性を打診してくるようになったのは創業チームにとっ
て幸運であった。当時は同じようなSNSがいくつか先行して存在し、フェイスブッ
クよりもユーザー数が多いサービスもあった。しかも、フェイスブックはこの時点
で、一部のエリート大学の現役学生のみにしか登録を許しておらず、投資家の大部
分は実際にフェイスブックの内容を見たことがなかったのである。

　それにも関わらず、投資によって大きな利益を得ようとするベンチャーキャピタ
ルや、将来の成長を見越して買収をもくろむ投資家は、非公式の情報網を張り巡ら
せて情報を集め、将来有望なベンチャーであるフェイスブックに対し、なるべく早
く投資を実行し、大きなキャピタルゲイン（ここでは株式の値上がりに伴う売却利
益）を得ようとしていた。

　同時に、全く別の立場からフェイスブックに関わり、創業者らを助けた人々も存
在した。過去にベンチャーキャピタルからの出資を受けたが、後にそのベンチャー
キャピタルによって自分が創業したベンチャーを追い出されることになったアント
レプレナーや、過去の成功によってエンジェル投資家となった、元アントレプレ
ナーである。このような人々は、後に続く有望なアントレプレナーに対し、様々な
アドバイスや出資、人材の紹介をするのである。

　シリコンバレーのエコシステムを構成する人々は、必ずしもアントレプレナーを
支援するために存在しているのではない。程度の差はあれ、それぞれの利益を最大
化するために行動しているのである。しかし、創業初期のベンチャーに出資して、
自らの経験やノウハウを提供し、急成長を手助けする機能は、シリコンバレーのス
タートアップにとって無くてはならないものとなっている。

4 リサイクルされるアントレプレナーと ベンチャーキャピタルの役割

❖ アントレプレナーの失敗と再チャレンジ

　シリコンバレーのエコシステムにおいて、アントレプレナーは成功と失敗を繰り返しながら、何度もリサイクルされる。時には再び創業者として登場し、時にはベンチャーに資金やアドバイスを提供するエンジェル投資家としてその役割を果たしている。

　フェイスブックの創業者のマークは、2004年6月にシリコンバレーに来た直後、道端であこがれのプログラマーであるショーン・パーカーと偶然に出くわした。ショーン・パーカーはわずか3年で2,600万人のユーザーを獲得した音楽共有サービスのナップスター（Napster）の創業者であり、その後ソーシャルアドレスブックのプラクソ（Plaxo）を創業したシリアル・アントレプレナーである。革新的なサービスで話題を呼んだナップスターおよびプラクソでの経験に加え、投資家によって自分の作った会社から2度も追い出されるという衝撃的な経験を通じて、ショーンは会社設立と法的手続き、およびベンチャーキャピタルからの資金調達交渉について広範な経験を獲得していた。

　マークと意気投合したショーンは、様々な形でフェイスブックに貢献することになる。まずショーンはサーバーを運営するための知識が全く無かった創業チームのために、ベテランのネットワーク技術者を探し出し、急拡大するフェイスブックのサーバー管理に当たらせた。その後、ショーンはこれまでの起業経験を通じて友人になった有力なエンジェル投資家からショーンに好意的なエンジェル投資家のピーター・ティールを紹介してもらい、50万ドルの出資を獲得する。また、友人でありベンチャー専門の融資会社にいるモーリス・ワーデガーから30万ドルの融資を引き出している。

　このようにして早急に必要になった運転資金を確保した後、彼はじっくりと腰を据えて大型の資金獲得に取り組み、シリコンバレーの大手ベンチャーキャピタルであるアクセルパートナーズから合計1,270万ドルの出資を引き出すことに成功した。しかも、自らの経験から、ベンチャーキャピタルに実権を握られないように、創業者の株式所有割合と、取締役会の構成について創業者に有利になる条件をアクセル

第15章

223

【図15－4　フェイスブック初期の人的ネットワークと資金調達】

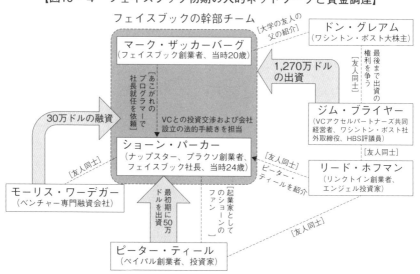

出所：カークパトリック（2011）を参考に筆者作成

パートナーズに承諾させている。

　このフェイスブックに出資する権利を多くのベンチャーキャピタルや既存の大企業が争った。シリコンバレーは狭い地域であるため、多くの人々が過去に一緒に仕事をしたり、何らかの形で友人同士であることが少なくない。フェイスブックへの出資を争った人々も、互いに知り合いで、気軽に電話を掛け合うような関係にある。このようにシリコンバレーでは、時には互いにアドバイスをし合い、時には同じ利益を求めて激しく争うといったことが起きるのである。

❖ 投資家と報酬

　同じコミュニティに属している投資家が、出資の権利を巡って激しく争う理由は、成功したベンチャーが生み出す報酬が極めて大きいからである。たとえばYouTubeがグーグルに買収されたときの買収額は16億5,000万ドルであった。YouTubeの創業者をふくむ株主はわずか2年ほどで、約2,400億円（1ドル148円換算）ほどの資産を手に入れたことになり、この出資によってセコイア・キャピタルは短期間で出資資金をおよそ54倍にしたと報じられている。

　当時のフェイスブックに出資をした人々もその後のIPO（initial public offering：新規株式公開）で大きな資産を獲得することになった。ピーター・

Column15-2

エンジェル投資家とベンチャーキャピタル

　会社設立において必要な資金は、創業者自ら準備する自己資金と、他者から提供される外部資金の2つに大別される。そしてその外部資金は、銀行などの金融機関からの①返済義務のある融資と、②返済義務がない代わりに、自社の株式（議決権や利益配当請求権など）を出資者に与える出資の2つが存在している。

　多くのエンジェル投資家は過去に成功して億単位の資産を得た元アントレプレナーであり、ベンチャーキャピタルは、会社として第三者から資金を集めてベンチャー専門に投資する機関投資家である。彼らは他の金融機関と異なり、小さなベンチャーの将来性を見極める高度な専門性と創業間もないベンチャーを見つけ出すネットワークを有しており、出資として、ベンチャーに資金を提供する。

　銀行が融資によって得る利益の源泉は利子であり、通常は年間数パーセント程度である。しかし、近い将来に急成長すると見られるベンチャーの株式はその将来価値を見込んで、非常に高い価格で取引される傾向があり、上場前の出資額の数十倍から数百倍になることがある。YouTubeやフェイスブックがその好例である。このように企業に出資して、その株式の値上がりによって得られた利益を、キャピタルゲインと呼ぶ。

　この途方もないキャピタルゲインのため、ベンチャーキャピタルもエンジェル投資家も、血眼になって将来性のあるベンチャーを探して出資し、あらゆる手を講じて成功させようとするのである。特にベンチャーキャピタルは、出資先の利益にならないと判断すれば、創業者さえも会社から追い出し、出資先の成長と利益を追求することがある。しかし、倒産すれば紙切れになってしまう株式に投資して、ハイリスク・ハイリターンを狙う投資家がエコシステムの活性化にとって重要な要因となっているのは間違いないのである。

　ティールは初期の企業評価額をおよそ500万ドルと評価して、フェイスブックの株式の10%にあたる50万ドルを出資した。アクセルパートナーズは出資時点の企業評価額を9,800万ドルと評価して1,270万ドルを出資し、約15%の株式を所有することになった。

　この時の評価額は高すぎるとの評価もあったが、2023年7月の時点で、株式上場後のメタの株式時価総額は6,895億ドルに達しており、約18年で、約7,000倍の企業価値を持つにいたっている。この多くがキャピタルゲインとしてフェイス

第15章

225

ブックに関わった人々の資産となっているのである。たとえば初期のフェイスブックの社屋にわずかな株式を報酬に絵を描いたアーティストのデイビッド・コーのもつ株式の評価価額は2015年の時点で2億ドルになっていると報じられた。

　このように、大学の寮から始まったソーシャルネットワーキング企業は18年でおよそ100兆円（1ドル148円換算）の株主価値を創出した。このように急成長するベンチャーは途方もないキャピタルゲインを作り出し、関わった多くの人々を次のシリコンバレーを活性化させるエンジェル投資家やアントレプレナーとして再生産するのである。

5 世界中からシリコンバレーに流入する人材

　シリコンバレーは、野心的なアントレプレナーにとって大きなチャンスを提供するエコシステムであるため、アントレプレナーが数多く流入しており、タレントマグネット（才能を引きつける磁石）とも呼ばれている。

　本章で取り上げたメタ創業者もニューヨーク州出身であるがシリコンバレーに移動したことでチャンスをつかんでいた。ペイパルの共同創業者で、テスラモーターズの社長であるイーロン・マスクも南アフリカ出身である。ヤフーの共同創業者のジェリー・ヤンも台北生まれであり、グーグル共同創業者のセルゲイ・ブリンはモスクワ生まれ、ラリー・ペイジはミシガン州の出身である。フェイスブックに関

【表15-1　職業カテゴリ別、被雇用住民の外国出身者の割合　～サンタクララ・サンマテオ郡、2019年～】

	全年齢 （16歳以上）	25～44歳	
		女性	男性
コンピューター＆理数系	65%	71%	63%
建築＆工学	61%	66%	59%
自然科学	50%	50%	50%
医学＆健康サービス	51%	52%	51%
金融サービス	45%	53%	35%
その他職業	43%	43%	44%
合計	48%	47%	48%

出所：Silicon Valley Indicators 公式ホームページより

わったショーン・パーカーもヴァージニア州出身であり、ピーター・ティールも生まれはフランクフルトである。シリコンバレーでは地元の人間以外の人々が数多く流入して活躍していることがうかがえる。

　シリコンバレーで成功した著名なアントレプレナーの多くがシリコンバレー外から来ている理由の１つはスタンフォード大学の存在である。電気工学から始まってコンピューターやプログラミングなどでも世界トップクラスであるスタンフォード大学は世界中から優秀な人材を集めている。

　前述のイーロン・マスク、ジェリー・ヤン、セルゲイ・ブリン、ラリー・ペイジ、ピーター・ティールはすべてスタンフォード大学もしくは大学院に入学していた。また、コンピューターに関するトップ企業が多く立地しているため、一時的にシリコンバレーの企業で働いた後に、そのままシリコンバレーで起業することも多い。ヒューレット・パッカードでインターンをしていたスティーブ・ジョブズとスティーブ・ウォズニアクが意気投合してその後、アップルを創業したのは有名な話である。

6　おわりに

　シリコンバレーのエコシステムが生み出す金銭的報酬のインパクトは、日本人的な感覚からすれば異常といってもよいかもしれない。もちろん、世界中から優秀な人間が集まっているのは事実であるが、その報酬が妥当なものかどうかはおそらく意見が分かれるところであろう。一部の人々に与えられる大きな報酬は、地域内の格差拡大と物価上昇に大きく影響を及ぼす原因にもなっている。皆さんはどう考えるだろうか。

　シリコンバレーほどではなくても、日本にもアントレプレナーを支援し、育てようとするエコシステムは緩やかにではあるが確かに存在している。しかし、実際にはメタやYouTubeのようにグローバルに展開し急成長していくような事例はわずかしか存在しない。どちらかと言えば、「出る杭は打たれる」を避けて、慎重に成長しようとする企業が多いのかもしれない。

　1990年代から始まるアメリカの経済的な復活は、アントレプレナーシップの影響が大きいといわれる。経済を活性化させるためには、アントレプレナーシップの発揮は我が国にとっても重要なテーマであることは間違いないだろう。しかし、シ

リコンバレーのようなエコシステムの仕組みを日本社会が受け入れるには、もうすこし時間がかかるのかもしれない。

? 考えてみよう

1．急成長ベンチャーと平均的な新規開業は、何がどのように異なるのかを、ビジネスアイディアと成長戦略の視点から考えてみよう。
2．アントレプレナーにとって有利に働きやすい地域的条件について、日本をイメージしながら考えてみよう。
3．シリコンバレーのようなアントレプレナーと投資家が大きな報酬を得ることによって発生する社会的問題について考えてみよう。

参考文献

チョン・ムーン・リー他『シリコンバレー──なぜ変わり続けるのか（上）（下）』日本経済新聞社、2001年

デビッド・カークパトリック『フェイスブック　若き天才の野望』日経BP、2011年

マーティン・ケニー他『シリコンバレーは死んだか』日本経済評論社、2002年

マイケル・ポーター『競争戦略論Ⅰ＆Ⅱ』ダイヤモンド社、1999年

次に読んで欲しい本

スティーブン・G.ブランク（堤孝志、渡邊哲 訳）『アントレプレナーの教科書［新装版］シリコンバレー式イノベーション・プロセス』翔泳社、2016年。

福島路『ハイテク・クラスターの形成とローカル・イニシアティブ──テキサス州オースティンの奇跡はなぜ起こったのか』白桃書房、2015年

索　引

■編著者紹介

山田　幸三（やまだ　こうぞう）

大妻女子大学社会情報学部教授、博士（経営学）。上智大学名誉教授。

東北大学客員教授、大阪経済大学客員教授、東洋大学客員教授。

1979年神戸大学経済学部卒業、7年間の東京海上火災保険株式会社勤務を経て、1991年神戸大学大学院経営学研究科博士課程単位取得退学。2000年岡山大学経済学部教授、2001年神戸大学博士（経営学）、2002年上智大学経済学部教授、2021年より現職。

主著：『経営学概論』（放送大学教育振興会、2018年）、『伝統産地の経営学』（有斐閣、2013年）、『新事業開発の戦略と組織』（白桃書房、2000年、経営科学文献賞）、『ファミリーアントレプレナーシップ』（編著、中央経済社、2020年）、『日本のビジネスシステム』（共編著、有斐閣、2016年）、『日本のベンチャー企業』（共編著、日本経済評論社、1999年、中小企業研究奨励賞本賞）、"Impact of Entrepreneurial Orientation: Longitudinal Analysis of Small Technology Firms in Japan," *Academy of Management Proceedings* (*Best Paper Proceedings of the 2009 Academy of Management Annual Meeting*, DOI: 10.5465/AMBPP.2009.44243059)（共著、2017年）など。

江島　由裕（えしま　よしひろ）

大阪経済大学経営学部教授、博士（経営学）。東北大学客員教授。

1986年立命館大学法学部卒業、1989年米国ピッツバーグ大学大学院公共・国際事情研究科修士課程修了（MPIA）。2010年上智大学博士（経営学）。㈱三和総合研究所（現・三菱UFJリサーチ＆コンサルティング㈱）、岡山大学、島根県立大学を経て2007年より現職。

主著：『小さな会社の大きな力』（中央経済社、2018年）、『創造的中小企業の存亡』（白桃書房、2014年、日本ベンチャー学会清成忠男賞、企業家研究フォーラム賞）、『地域産業創生と創造的中小企業』（共著、大学教育出版、2004年）、"Firm growth, adaptive capability, and entrepreneurial orientation," *Strategic Management Journal*, Vol. 38(3)（共著、2017年）。"The influence of firm age and intangible resources on the relationship between entrepreneurial orientation and firm growth among Japanese SMEs," *Journal of Business Venturing*, Vol. 28(3)（Citations of Excellence Winners for 2016 by Emerald Group Publishing）（共著、2013年）など。

執筆者紹介 (担当章順)

山田　幸三 (やまだ　こうぞう)……………………………………………第 1 章
大妻女子大学社会情報学部　教授、上智大学名誉教授

江島　由裕 (えしま　よしひろ)…………………………………………第 2 章
大阪経済大学経営学部　教授

井上真由美 (いのうえ　まゆみ)…………………………………………第 3 章
高崎経済大学経済学部　准教授

吉田　満梨 (よしだ　まり)………………………………………………第 4 章
神戸大学大学院経営学研究科　准教授

藤野　義和 (ふじの　よしかず)…………………………………………第 5 章
信州大学経法学部　准教授

矢寺　顕行 (やてら　あきゆき)…………………………………………第 6 章
大阪産業大学経営学部　教授

横山　恵子 (よこやま　けいこ)…………………………………………第 7 章
関西大学商学部　教授

相原　基大 (あいはら　もとひろ)………………………………………第 8 章
北海道大学大学院経済学研究院　准教授

石田　修一 (いしだ　しゅういち)………………………………………第 9 章
東北大学大学院工学研究科　教授

足代　訓史 (あじろ　さとし)……………………………………………第10章
専修大学経営学部　教授

兒玉公一郎 (こだま　こういちろう)……………………………………第11章
日本大学経済学部　教授

柴田　淳郎 (しばた　あつろう)…………………………………………第12章
滋賀大学経済学部　准教授

芦塚　　格 (あしづか　いたる)…………………………………………第13章
近畿大学経営学部　教授

尹　　大栄 (ゆん　てーよん)……………………………………………第14章
長野県立大学グローバルマネジメント学部　教授

秋庭　　太 (あきば　ふとし)……………………………………………第15章
龍谷大学経営学部　准教授

1からのアントレプレナーシップ　〈第2版〉

2017年4月30日　第1版第1刷発行
2020年4月30日　第1版第5刷発行
2024年4月1日　第2版第1刷発行

編著者　山田幸三・江島由裕
発行者　石井淳蔵
発行所　㈱碩学舎
　　　　〒101-0052 東京都千代田区神田小川町2-1 木村ビル10F
　　　　TEL 0120-778-079　FAX 03-5577-4624
　　　　E-mail info@sekigakusha.com
　　　　URL http://www.sekigakusha.com
発売元　㈱中央経済グループパブリッシング
　　　　〒101-0051 東京都千代田区神田神保町1-35
　　　　TEL 03-3293-3381　FAX 03-3291-4437
印　刷　東光整版印刷㈱
製　本　㈲井上製本所
Ⓒ 2024　Printed in Japan